Michael O'Brien
Die Apokalypse

MICHAEL O'BRIEN

DIE
APOKALYPSE

WARNUNG, HOFFNUNG UND TROST

ÜBERSETZT VON
GABRIELE KUBY

◁fe

Das Buch erschien 2018 in amerikanischer Sprache
unter dem Titel „Apocalypse: Warning, Hope, and Consolation"
bei *WISEBLOOD BOOKS*, Belmont, North Carolina (USA)

Aus dem Amerikanischen
von Gabriele Kuby

1. Auflage 2019
© 2019 fe-medienverlags GmbH, Hauptstr. 22, D-88353 Kißlegg
www.fe-medien.de

Umschlaggestaltung & Satz: Manuel Kimmerle

Cover-Foto: buburuzaproductions / istockphoto.com

Druck: orth-druk, Bialystok (Polen)

ISBN 978-3-86357-230-3

Printed in EU

„Der Gott Jesu Christi, unseres Herrn, der Vater der Herrlichkeit, gebe euch den Geist der Weisheit und Offenbarung, damit ihr ihn erkennt. Er erleuchte die Augen eures Herzens, damit ihr versteht, zu welcher Hoffnung ihr durch ihn berufen seid...“

Eph 1,17-18

Inhaltsverzeichnis

Vorwort der Übersetzerin

Als ich Michael O'Brien 2005 in Combermere, Kanada, besuchte, fragte ich ihn, ob er glaube, dass unsere Zeit die Endzeit der Endzeit sei, auf die Jesus uns in unmissverständlichen Worten vorbereitet und die in der Offenbarung des Johannes in geheimnisvollen Bildern beschrieben wird. Er sagte, wir sollten die Warnungen ernst nehmen, das heißt, für möglich halten, dass diese Prophezeiungen in unserer Zeit Wirklichkeit werden.

Im Frühjahr 2014 hatte ich bei einer Privataudienz die Möglichkeit, Papst Benedikt XVI. die gleiche Frage zu stellen:

„Jesus sagt, es wird eine so große Not kommen, wie es noch nie eine gegeben hat, seit die Welt besteht, und wie es auch keine mehr geben wird (Mt 24,21). Ist damit unsere Zeit gemeint?"

Der Heilige Vater antwortete: „Ja, ich glaube schon. Die Zerstörung geht an die tiefste Wurzel des Menschen wie niemals zuvor."

Wir befinden uns im großen Abfall von Gott (2 Thess 2,3), so dass die Menschen schutzlos den Ideologien ausgeliefert sind, um die Zerstörung der Identität des Menschen zu erreichen. Die geistigen und politischen Umwälzungsprozesse werden von den Mächtigen dieser Erde mit ungeheurer Durchschlagskraft und wachsender Geschwindigkeit vorangetrieben. Keiner kann sich dem reißenden Strom des Mainstream widersetzen, der nicht im Wort Gottes verankert ist. Es scheint, dass selbst viele Hirten der Kir-

9

che glauben, diese Entwicklung werde immer weitergehen und die Kirche müsse sich ihr anpassen. Sie rechnen nicht mehr mit dem „Zorn Gottes". Die Wiederkunft Christi und das „Neue Jerusalem" verschwimmen in mythischem Nebel – ohne dass sie Relevanz für uns Heutige zu haben scheinen.

Aber glauben das die Menschen eigentlich in der Tiefe ihrer Seele? Mir scheint, das Hintergrundrauschen unserer gottvergessenen, konsum- und sexbesessenen Zeit ist die Angst. Wir haben einen Seismographen in uns, der Gewissen heißt und der signalisiert: So kann und wird es nicht weitergehen.

Michael O'Brien hebt diese Angst ins Licht des Wortes Gottes und der Lehre der katholischen Kirche. Gott hat uns den Blick auf die Endzeit der Endzeit gewährt, damit wir wissen: Alles liegt in der Vorsehung Gottes. Der Sohn Gottes ist Mensch geworden, hat sich freiwillig dem Leiden unterworfen und ist auferstanden. Er wird sein Werk zu Ende führen.

Das Unbefleckte Herz der Jungfrau Maria wird triumphieren.

In dieser sich verdunkelnden Zeit ist es die Aufgabe jedes Christen, dem Wort Gottes treu zu bleiben, damit das Licht der Hoffnung in die Welt strahlen möge. Dazu ermutigt Michael O'Brien mit seinen Betrachtungen über die Apokalypse.

Gabriele Kuby, Frühjahr 2019

Vorwort des Autors

Lieber Leser, liebe Leserin,

meine Hoffnung ist, dass Sie zwischen den Deckeln dieses schmalen Buches einige Anregungen finden, über die Endzeit nachzudenken. In keiner Weise handelt es sich um eine erschöpfende Studie dieses Themas und noch weniger ist es ein Überlebenshandbuch oder eine Wegbeschreibung durch die Apokalypse. Es ist weder eine trockene Exegese dieses letzten Buches der Heiligen Schrift noch ein flammendes Traktat, um Angst zu erzeugen. Es enthält wenig Theorie, noch weniger Voraussagen, aber viel Nachdenkliches. Es bietet keine Lösungen an außer jene, die uns Christus selbst gegeben hat – den Ruf zur Reue und beständiger, persönlicher Umkehr, die tägliche Annahme des Kreuzes und die Erfüllung unserer eigenen Aufgabe im Rahmen der Mission der Kirche zur Evangelisierung. Dies wird von Jahrhundert zu Jahrhundert dringlicher bis ans Ende der Zeiten.

Von Anfang an war es der Sinn der Offenbarung des heiligen Johannes, uns die Natur des „Kampfes im Himmel" (Offb 12,7) bewusst zu machen, der auch die Erde erfasst hat, uns zum Durchhalten zu ermahnen, uns in Zeiten der Bedrängnis zu trösten und uns auf die letzte Prüfung vorzubereiten, die über die gesamte Kirche kommen wird. Ich will die Krise unserer Zeit weder übertreiben noch verharmlosen. Vielmehr stellt dieses Buch die Fragen, die in jeder Generation von jenen gestellt werden sollten, die aufrichtig danach streben, unserem Herrn Jesus Christus nachzufolgen: Lese ich die Zeichen der Zeit richtig? Gibt es Merkmale unserer gegenwärtigen Zeit, die es nie zuvor gegeben hat und die eindeutig apokalyptisch sind? Bin ich geistlich vorbereitet, falls tatsächlich die Zeit der großen Prüfung kommt, die von den Propheten, den Aposteln und dem Herrn selbst vorausgesagt wurde? Bin ich wach, wie es der Herr von uns verlangt?

Im Buch der Offenbarung wendet sich Jesus an sieben Gemeinden der damaligen Zeit, deren Probleme sich von den unseren kaum unterscheiden, um sie zu ermahnen und zu ermutigen.

Der Gemeinde von Sardes sagt er:

„Ich kenne deine Werke. Dem Namen nach lebst du, aber du bist tot. Werde wach und stärke, was noch übrig ist, was schon im Sterben lag! Denn ich habe nicht gefunden, dass deine Taten in den Augen meines Gottes vollkommen sind. Denk also daran, wie du die Lehre empfangen und gehört hast! Halte daran fest und kehr um! Wenn du aber nicht aufwachst, werde ich kommen wie ein Dieb und du wirst bestimmt nicht wissen, zu welcher Stunde ich zu dir komme." (Offb3,1-3)

Der Gemeinde von Smyrna sagt er:

„Fürchte dich nicht vor dem, was du noch erleiden musst! Siehe, der Teufel wird einige von euch ins Gefängnis werfen, um euch auf die Probe zu stellen, und ihr werdet in Bedrängnis sein, zehn Tage lang. Sei treu bis in den Tod; dann werde ich dir den Kranz des Lebens geben. Wer Ohren hat, der höre, was der Geist den Gemeinden sagt: Wer siegt, dem kann der zweite Tod nichts anhaben." (Offb 2,10-11)

Der Herr ist mit der Gemeinde von Smyrna zufrieden. Sie hat sehr gelitten, aber jetzt verlangt der Herr noch mehr von ihr und ermahnt sie, wenn die Prüfungen noch härter werden, im Glauben treu zu bleiben. Das gilt auch für uns: Wenn wir die Kreuze annehmen, die uns auferlegt werden, wenn wir durchhalten und nicht in Sünde fallen, vom Glauben abfallen und falschen Trost annehmen, werden auch wir nicht zum zweiten Tod verurteilt, der ewiges Exil von Gott bedeutet.

Wie ist es möglich, solche Prüfungen zu bestehen? Sind wir nicht klein und schwach? Ja, das sind wir! Aber gerade unsere Schwäche ist das Tor, durch das sich seine Gnade ergießen wird, wenn wir es zulassen; wenn wir annehmen, dass wir kleine Kinder sind, die sich an der Hand unseres Erlösers festhalten und an seinem Herzen ausruhen. Dann wird sich unser Herz für seine heilende Kraft öffnen, so dass er unsere Angst in zuversichtliche Freude verwandeln kann.

Wenn die Dinge gut laufen, ist es nicht sehr schwer, dem Glauben treu zu bleiben. Aber wenn Leiden kommt – wie schnell sind wir versucht, uns abzuwenden und unsere eigenen Lösungen zu suchen. Aber wie sollen wir lernen, Schrecken mit Mut zu überwinden und Misstrauen mit Zuversicht, wenn nicht durch Prüfungen? Wenn alle menschlichen Anstrengungen versagen und es keine menschliche Hoffnung mehr gibt, dann kann es geschehen, dass wir an einen geheimnisvollen Ort in unserem Herzen gelangen, wo die Quelle des Lebens entspringt. Dort werden wir dann den Zustand dieser Quelle erkennen. Ist sie ausgetrocknet? Wenn ja, dann müssen wir tiefer graben. Ist sie durch Unrat verstopft ? Wenn ja, dann müssen wir sie reinigen, damit ihr Wasser wieder fließen kann.

Bitte, und es wird dir gegeben.

Michael O'Brien

I.

Leben wir in apokalyptischen Zeiten?[1]

Die Frage ist vieldeutig und hat unendlich viele Kommentare und Spekulationen hervorgerufen. In unserer Zeit sind wir mit extrem unterschiedlichen Interpretationen über die Bedeutung des Buches der Offenbarung konfrontiert. Ich hoffe zur Nüchternheit der Debatte beizutragen, die oft fehlt. Alles, was ich dazu zu sagen habe, könnte mit einem einzigen Wort zusammengefasst werden: Ja.

Ja, wir leben in apokalyptischen Zeiten. Aber das bedarf der Erläuterung. Die Kirche, die heiligen Schriften, die Heiligen, die anerkannten mystischen Erscheinungen, sie alle sprechen über die Endzeit in ähnlicher Weise. Wenn wir uns an den *Katechismus der Katholischen Kirche* wenden, dann finden wir darin einen Abschnitt, der sich mit der Wiederkunft des Herrn in Herrlichkeit befasst. Dort lesen wir:

Die letzte Prüfung der Kirche
(675) Vor dem Kommen Christi muss die Kirche eine letzte Prüfung durchmachen, die den Glauben vieler erschüttern wird. Die Verfolgung, die ihre Pilgerschaft auf Erden begleitet, wird das Mysterium der Bosheit enthüllen: Ein re-

---

[1] Dieses Kapitel beruht auf einem Vortrag, den der Autor am 20. September 2005 in der St. Patricks-Basilika von Ottawa gehalten hat zum Thema: *Leben wir in apokalyptischen Zeiten?*

ligiöser Lügenwahn bringt den Menschen um den Preis ihres Abfalls von der Wahrheit eine Scheinlösung ihrer Probleme. Der schlimmste religiöse Betrug ist der des Antichrist, das heißt eines falschen Messianismus, worin der Mensch sich selbst verherrlicht statt Gott und seinen im Fleisch gekommenen Messias.

(676) Dieser gegen Christus gerichtete Betrug zeichnet sich auf der Welt jedesmal ab, wenn man vorgibt, schon innerhalb der Geschichte die messianische Hoffnung zu erfüllen, die nur nachgeschichtlich durch das eschatologische Gericht zu ihrem Ziel gelangen kann. Die Kirche hat diese Verfälschung des künftigen Reiches, selbst in ihrer gemäßigten Spielart, unter dem Namen „Millenarismus" zurückgewiesen, vor allem aber die „zuinnerst verkehrte" politische Form des säkularisierten Messianismus.

(677) Die Kirche wird nur durch dieses letzte Pascha hindurch, worin sie dem Herrn in seinem Tod und seiner Auferstehung folgen wird, in die Herrlichkeit des Reiches eingehen. Das Reich wird also nicht in stetigem Fortschritt durch einen geschichtlichen Triumph der Kirche zustande kommen, sondern durch den Sieg Gottes im Endkampf mit dem Bösen. In diesem Sieg wird die Braut Christi vom Himmel herabkommen. Nach der letzten kosmischen Erschütterung dieser Welt, die vergeht, wird es in Gestalt des letzten Gerichts zum Triumph Gottes über den Aufstand des Bösen kommen.[2]

---

[2] *Katechismus der Katholischen Kirche* (KKK) 675-677; 678-680

Wenn wir uns in der Welt umschauen, in unserer „demokratischen" Welt, könnten wir dann nicht sagen, dass wir genau in diesem Geist des säkularen Messianismus leben? Und zeigt sich dieser Geist nicht besonders in seiner politischen Form, die der Katechismus mit einem sehr starken Wort als „zuinnerst verkehrt" bezeichnet? Wie viele Menschen glauben heute, dass der Triumph des Guten über das Böse in der Welt durch soziale Revolution oder soziale Evolution erreicht werden wird? Wie viele glauben, dass der Mensch sich selbst wird retten können, wenn nur genügend Wissen und Energie aufgebracht werden? Ich bin der Meinung, dass diese intrinsische Perversität nun die gesamte westliche Welt beherrscht.

Der Katechismus schöpft seine Autorität aus der Heiligen Schrift, um uns über diese Fragen zu belehren. Wenn wir uns auf unsere Grundlagen besinnen, was sagt uns dann die göttliche Offenbarung über den geheimnisvollen Gipfelpunkt der Geschichte, den Mega-Klimax, der Apokalypse genannt wird, wie er im Buch der Offenbarung und in anderen Büchern des Neuen und Alten Testaments vorhergesagt wird?

In seinem ersten Brief sagt der Apostel Johannes ganz schlicht, ohne die theologischen Nuancen, an die wir uns in der letzten Zeit gewöhnt haben: „Meine Kinder, es ist die letzte Stunde" (1 Joh 2,18) und in einer anderen englischen Übersetzung heißt es: „Kinder, es sind die letzten Tage."

Das ist unser Kontext, der begriffliche Rahmen, in dem die Endzeit von jeder Generation der Christen betrachtet werden sollte. Wir leben in den letzten Stunden und haben immer in dieser Stunde gelebt, seit unser Herr zum

Himmel aufgestiegen ist. Die dann folgende Geschichte ist nichts anderes als ein Warten auf seine Wiederkunft. Die vergangenen zweitausend Jahre *sind* die letzten Tage. In seinem zweiten Brief schreibt der Apostel Petrus: „Beim Herrn ist ein Tag wie tausend Jahre und tausend Jahre wie ein Tag." (2 Petr 3,8)

Jesus selbst spricht über diese letzte Phase in einer unbestimmten Zukunft, wenn die Menschheit einer letzten Prüfung unterzogen wird. Kapitel 24 im Matthäus-Evangelium enthält die ausführlichsten Aussagen des Herrn über das, was kommen muss. Hier präsentiert er uns mehr als eine symbolische Beschreibung, aber auch mehr als eine eindimensionale, linearhistorische Voraussage der nahen Zukunft. Vielmehr ist es eine Vision, die Elemente von beidem enthält: für seine eigene Zeit, für die Zeit der Verfolgungen der Kirche in den ersten drei Jahrhunderten und darüber hinaus für alle weitere Geschichte bis zu seinem zweiten Kommen. Er ist kein linearer Denker. Er ist kein eindimensionaler Mann. Er ist Gott und Mensch.

„Doch jenen Tag und jene Stunde kennt niemand, auch nicht die Engel im Himmel, nicht einmal der Sohn, sondern nur der Vater. Denn wie es in den Tagen des Noach war, so wird die Ankunft des Menschensohnes sein. Wie die Menschen in jenen Tagen vor der Flut aßen und tranken, heirateten und sich heiraten ließen, bis zu dem Tag, an dem Noach in die Arche ging, und nichts ahnten, bis die

Flut hereinbrach und alle wegraffte, so wird auch die Ankunft des Menschensohnes sein." (Mt 24,36-39)[3]

Dieser Abschnitt, der in die apokalyptische Lehre Jesu eingebettet ist, enthält den Kern dessen, was er denen mitteilen möchte, die ihm nachfolgen. Er möchte, dass wir tiefer gehen als die übliche menschliche Neigung, Kenntnis von der Zukunft zu haben, tiefer als eine Art von „getaufter" Wahrsagerei. Jesus möchte uns zur Quelle der *Weisheit* führen, nicht einfach nur zu Wissen und Erkenntnis, denn die können uns nicht retten. Er zieht seine Apostel immer in tiefe Gewässer, in manchen Momenten sogar bis an die Grenze des tatsächlichen Ertrinkens. In diesem Hineingetauchtwerden liegt der Beginn der Weisheit, denn es zieht uns von einer nur horizontalen Perspektive in eine vertikale Perspektive, die eine wahrhaft kosmische Sicht ermöglicht und unendlich viel höher als breit ist.

Er sagt weiter: „Seid also wachsam! Denn ihr wisst nicht, an welchem Tag euer Herr kommt." (Mt 24,42)

Dieser Dialog mit den Aposteln wird im Lukas-Evangelium mit einigen zusätzlichen Worten Christi wiederholt. Er beginnt damit, dass er über die Art seiner Wiederkunft in Herrlichkeit nach den Umstürzen spricht, die kommen müssen.

---

3 Die Lehren Christi über die Bedrängnisse am Ende der Zeiten unmittelbar vor seiner Wiederkunft finden sich hier: Mt 24,3-44; Mk 13,1-37, Lk 17,24-37 und Lk 21,25-36.

„Denn wie der Blitz von einem Ende des Himmels bis zum andern leuchtet, so wird der Menschensohn an seinem Tag erscheinen. Vorher aber muss er vieles erleiden und von dieser Generation verworfen werden." (Lk 17,24-25)

Dieser Satz „verworfen werden von der gegenwärtigen Generation" ist sehr bedeutsam, denn er impliziert, dass nach seinem Leben auf der Erde noch weitere Generationen folgen werden. An anderer Stelle sagt er, dass einige, die in seiner Generation leben, das Kommen seines Reiches sehen werden (Mt 16,28). Diese scheinbar widersprüchlichen Äußerungen sollen uns zu der Erkenntnis führen, dass er eine multidimensionale Vision vermittelt, die eine rein lineare Chronologie transzendiert.

„Und wie es in den Tagen des Noach war, so wird es auch in den Tagen des Menschensohnes sein. Die Menschen aßen und tranken und heirateten bis zu dem Tag, an dem Noach in die Arche ging; dann kam die Flut und vernichtete alle. Und es wird ebenso sein, wie es in den Tagen des Lot war: Sie aßen und tranken, kauften und verkauften, pflanzten und bauten. Aber an dem Tag, als Lot Sodom verließ, regnete es Feuer und Schwefel vom Himmel und vernichtete alle. Ebenso wird es an dem Tag sein, an dem der Menschensohn offenbar werden wird... Denkt an die Frau des Lot! Wer sein Leben zu bewahren sucht, wird es verlieren; wer es dagegen verliert, wird es erhalten." Lk 17,26-33)

Dies ist das wahre „Überlebenshandbuch" für die Apokalypse, hier ist die spirituelle Grundlage der Lehre unseres

Erlösers, was wir tun und wo wir uns geistlich und geistig befinden müssen, wenn wir durch Zeiten der Dunkelheit gehen. Es versteht sich von selbst, dass es im Leben jeder Person kleine Apokalypsen gibt und zu bestimmten Augenblicken in der Geschichte der Kirche auch apokalyptische Vorstufen. Die große Apokalypse wird jene Periode in der Geschichte sein, wenn *alles* geprüft wird, wenn die Kirche selbst auf der ganzen Welt gekreuzigt wird. Auf was können wir dann zurückgreifen? Werden wir wie Lots Frau dann nach Sodom zurückschauen und uns nach seinen Annehmlichkeiten sehnen und die fürchterliche Verderbtheit banalisieren? Vielleicht wusste sie, dass manches in der Stadt im Argen lag, aber sie sagte sich, dass es doch ein Ort materieller Sicherheit war – sie aßen und tranken und bauten und pflanzten. Da konnte man gut leben.

Es gibt immer vernünftige Argumente, um Kompromisse zu machen, nicht in die Wüste zu gehen und dem Wort Gottes nicht treu zu sein; bestimmt hatte Lots Frau einige gute Gründe. Aber was sagt der Herr? Wer sein Leben retten will, wird es verlieren; wer es aber um meinetwillen verliert, wird es retten für die Ewigkeit.

Im Markus-Evangelium warnt uns Jesus:

„Doch jenen Tag und jene Stunde kennt niemand, auch nicht die Engel im Himmel, nicht einmal der Sohn, sondern nur der Vater. Gebt Acht und bleibt wach! Denn ihr wisst nicht, wann die Zeit da ist. Es ist wie mit einem Mann, der sein Haus verließ, um auf Reisen zu gehen: Er übertrug die Vollmacht seinen Knechten, jedem eine bestimmte Aufgabe; dem Türhüter befahl er, wachsam zu sein. Seid also wachsam! Denn ihr wisst nicht, wann der Hausherr kommt, ob am Abend oder um Mitternacht, ob beim Hahnenschrei oder erst am Morgen. Er soll euch, wenn er plötzlich kommt, nicht schlafend antreffen. Was ich aber euch sage, das sage ich allen: Seid wachsam!" (Mk 13,32-37)

Wieder und wieder hören wir diese Perikopen in den Lesungen der Liturgie und gewöhnen uns mit fortschreitendem Alter immer mehr daran. Natürlich sind sie immer interessant, aber weil wir sie so oft gehört haben, verblasst die Dringlichkeit der Mahnungen des Herrn. Wir stimmen vielleicht intellektuell zu, halten sie für wahr, aber eigentlich glauben wir, dass sie auf unser Leben nicht zutreffen. Die Warnungen verschwimmen im Hintergrund, werden Teil des großen Lehrgebäudes Christi, von dem vieles weniger rätselhaft ist und uns mit weniger konfrontiert, das wir mit dem Intellekt nicht fassen können. Und so ersparen wir uns die apokalyptische Reflektion, weil wir sie entweder für eine symbolische Darstellung längst vergangener Ereignisse halten oder von Geschehnissen in der weit entfernten Zukunft. Folglich leben wir, als gäbe es keine Bedrohung und sind irgendwie überzeugt, dass uns kein „Tier" ins Gesicht starren und uns verschlingen wird, weder auf der persönlichen Ebene noch ein „mythologisches" apokalyptisches Tier von kosmischen Dimensionen. Keine dieser Haltungen ist dem treu, was Christus uns sagt.

Es gibt immer einen Kampf um jede menschliche Seele. Selbst wenn unsere Zeit nicht die Zeit sein sollte, auf welche die Offenbarung des heiligen Johannes hinweist, muss jeder von uns durch eine Art persönlicher Apokalypse gehen. Jeder von uns wird im Augenblick des Todes die große Offenbarung erleben, wenn im persönlichen Gericht alles, was wir sind und alles was wir getan und nicht getan haben, offenbar wird. Das griechische Wort *apokalypsis* bedeutet Offenbarung oder Enthüllung. Während des irdischen Lebens wird jeder dem Tier gegenüberstehen, nämlich dem Teufel, unserem Widersacher von Anbeginn, dem Feind unserer Seele und der gesamten Menschheit. So oder so müssen wir lernen, ihm zu widerstehen und ihn in Christus zu überwinden.

Gleichzeitig müssen wir verstehen, dass es einen Punkt in der Geschichte geben wird, da seine ganze Bosheit, all seine Machenschaften, all seine Wut in einem letzten Angriff auf den gesamten Leib Christi zum Ausbruch kommen wird. Es wird heftig sein; es wird kurz sein. Wenn wir uns aber mitten in diesen dreieinhalb Jahren totaler Verfolgung befinden sollten, wird es sich nicht so kurz anfühlen. Aber wir müssen uns immer vor Augen halten, dass seine Zeit zu Ende geht. In Wahrheit ist der Feind bereits besiegt durch das Opfer Jesu am Kreuz. Der kosmische Kampf ist gewonnen und es bleibt nur noch der letzte Kampf, durch den die Kirche und die Welt gehen müssen, so dass sich der Sieg Christi innerhalb der zeitlichen Dimension manifestiert.

Wir sind *im* letzten Kampf, wir sind *in* der Apokalypse, wir sind *im* Buch der Offenbarung und zwar in der gesamten Heilsgeschichte, die sich seit der Inkarnation entfaltet hat – so glaubt die Kirche, so glauben die meisten Kirchenväter – die im vollständigen Sieg Christi über den gesamten Kosmos gipfeln wird und seiner Wiederherstellung im

Vater. Das Buch der Offenbarung ist kein schematisches Diagramm oder ein Ablaufplan auf einer rein linearen Zeitachse. Es ist eine geheimnisvolle, multidimensionale Vision, die gewiss auch linearchronologische Elemente enthält, aber das ist nicht alles und nicht einmal das Wichtigste.

Die wichtigste Gnade des Buches der Offenbarung ist die Mahnung und Warnung des Herrn an jede Generation, in einem Geist der Wachsamkeit zu leben und die Augen unseres Herzens und unseres Geistes für das Wesen der Wirklichkeit zu öffnen. Die bizarren Beschwörungen wilder apokalyptischer Szenarien in evangelikalen wie auch in katholischen Kreisen entstellen die Absicht der Offenbarung. Wenn sie nicht in der Ehrfurcht vor dem Geheimnis und der Weisheit Gottes verankert sind, wenn sie kein absolutes Vertrauen auf den kommenden Sieg Gottes haben, wenn sie nicht aus einem Geist des Gehorsams und der Fügsamkeit gegenüber dem Heiligen Geist kommen, werden sie ausnahmslos nach Erkenntnis als dem rettenden Element greifen. Diese Rettung durch Wissen und Erkenntnis ist eine moderne Version des alten Gnostizismus. Zwar äußert sich der Neognostizismus unserer Zeit nicht als Kult, aber sein Denken und sein Verhalten ist das Symptom eines bleibenden Problems der menschlichen Natur – selbst bei Christen. Warum rennen die Leute in die Buchläden, um sich die neuesten spekulativen Szenarien reinzuziehen? Warum investieren wir in sie so viel Interesse und Vertrauen und so wenig in unser Innenleben und die Einheit mit Jesus Christus – der Einzige, der uns erlösen wird? Erinnern wir uns daran, dass er uns nicht verspricht, unser Leben in dieser

Welt nach menschlichen Begriffen zu retten, sondern unser Leben in der Ewigkeit, wenn wir ihm vertrauen und an ihm mit ganzem Herzen festhalten. Verfallen wir unwissentlich einer religiösen Form der Selbsterlösung? Setzen wir unser Vertrauen auf geheime „Insider-Informationen", auf Methoden der Selbstbewahrung, Überlebenshandbücher und Anleitungen zur Selbstverteidigung, die ganz darauf ausgerichtet sind, unser irdisches Leben zu erhalten und unsere geistige Gesundheit kaum beachten? Sollte das der Fall sein, dann ist es Zeit für etwas Selbsterforschung. Eine Haltung, die Gott zwar anerkennt, aber auf anderen Ebenen sich so verhält, als würde Gott sich nicht um seine Herde kümmern, ist in jeder Hinsicht ungesund.

Wegen unserer gefallenen menschlichen Natur und selbst wenn wir getauft sind, neigen wir dazu, uns als autonome Wesen zu sehen und auch so zu handeln, als hätten wir die Kontrolle über unser eigenes Leben. Ja, wir wollen Erlösung, wir wollen die Tröstungen Gottes, aber wir wollen sie zu unseren eigenen Bedingungen. Diese Haltung ist uns vielleicht nicht einmal bewusst, aber sie muss demütig erkannt werden, wenn wir aus dem Ghetto unseres Ich herauskommen wollen. Wann immer wir zu uns selbst sagen, „*Ich* entscheide, was die Schrift bedeutet; ich werde mich nicht irgendeiner Kirche unterwerfen, die mir sagt, was es bedeutet!", sind wir in den Bereich des Selbst gerutscht. Solche Haltungen dringen unmerklich in unser Denken und Fühlen ein. Sie prägen die Atmosphäre unserer Zeit, besonders in der westlichen Kultur. In einer geschichtlichen Epoche, die von Angst und Misstrauen beherrscht ist, wird die Unterwerfung unter den Geist Christi und seiner Kirche als antiindividualistisch missverstanden, während die Kirche doch antiisolationistisch und durch und durch *personalistisch* ist – indem sie nämlich die Einzigartigkeit jeder einzelnen Seele innerhalb einer Gemeinschaft von Personen anerkennt, mit allen Rechten und Verantwortlichkeiten, die daraus in Zusammenhang mit der göttlichen Ordnung entspringen. Im Gegensatz dazu ist der neue mythologische Held das autonome Individuum, das keinem Anderen Rechenschaft geben muss als seinem souveränen Selbst. Von allen Seiten bedrängt uns der Geist der Zeit, diese Art von Heldentum nachzuahmen und auf diese Weise uns selbst zu kleinen Göttern zu machen.

Es ist zu beachten, dass genau dies der Geist des Antichrist ist: die Erhöhung des Geschöpfes über die Autorität Gottes. Es dürfte nicht viele Anhänger des Selbst geben, die dem Gedanken zustimmen würden, dass sie diesem diabolischen Geist dienen. Die Wahrheit ist aber, dass jemand, der leugnet, dass Jesus der Herr über sein Leben ist, sich dem Zeitgeist öffnet, dem *spiritus mundi*, dem Geist der Welt. Da dieser Geist immer stärker von den Ideen des Antichrist beherrscht wird, wäre das souveräne Selbst gut beraten, über die Grenzen seines kleinen Königreiches hinauszuschauen, wenn er sich nicht eines Tages im Zustand der Versklavung wiederfinden will, ohne zu wissen, wie er dorthin gekommen ist. Denn der Mensch wird nur allzu leicht ein Sklave der Impulse seiner eigenen gefallenen Natur, seines Stolzes und seiner Subjektivität und schließlich durch die Kräfte der Manipulation, die sich seinem Verständnis entziehen.

Der *spiritus mundi* unserer Zeit hat einige besondere Merkmale, Merkmale, die nur im Licht der Visionen von Daniel, Jesaja, Ezechiel, Zefania, Maleachi und zahlreichen anderen Propheten einsichtig werden, und durch die eschatologischen Passagen im Neuen Testament, allen voran die Warnungen Christi und die große Vision des Buches der Offenbarung. Lesen Sie die Schrift und Sie werden sehen, dass unsere Zeit in diesen Texten vor uns ausgebreitet wird.

In jedem Zeitalter arbeitet dieser Geist gegen die absolute Souveränität Gottes. Aber wir wissen durch die göttliche Offenbarung, dass eine bestimmte Periode in der Geschichte kommen wird, da sich dieser Geist in der ganzen Welt verbreiten und auf der Höhe seines Einflusses durch Lügen, Schmeichelei und subtile Verführung nach der totalen Weltherrschaft greifen wird. Dann setzt er eine Verfolgung der Nachfolger Christi in Gang, wie es sie noch nie gegeben hat.

1948 hielt Étienne Gilson, einer der großen thomistischen Philosophen des 20. Jahrhunderts, vor den Bischöfen Frankreichs einen Vortrag über den Charakter der Entwicklung der Welt nach dem Krieg. In seinem brillanten Aufsatz von 1949 mit dem Titel „Die Schrecken des Jahres 2000", der auf diesem Vortrag beruht, legte er dar, dass der Mensch der neuen Ära vom Geist des „*Anti-Christus*" beherrscht sein würde. Nachdem wir den Glauben und das Vertrauen auf jenen Gott aufgegeben hätten, der Mensch wurde und der mit uns leidet, um uns zu erheben, versuchen wir, uns selbst zu Gott zu machen, denn der Mensch kann nicht lange ohne Gott und ohne eine Spiritualität leben. Gilson, der in der „dämonischen Überheblichkeit Nietzsches" den Vorläufer und Wortführer dieses geistigen Zustandes sieht, warnt davor, dass der Einfluss des Antichrist deswegen so groß ist, weil er in unserer Zeit keine Ähnlichkeit mit dem phantastischen Tier der Apokalypse hat.

„Die gesamte menschliche Ordnung wackelt an der Basis. Noch immer ist es nur der Antichrist, der das erkennt, der Einzige, der die verheerende Katastrophe voraussieht, die sich durch eine „Umkehr der Werte" anbahnt, denn wenn die Gesamtheit der menschlichen Vergangenheit auf der Gewissheit beruhte, dass Gott existiert, dann muss die Gesamtheit der Zukunft auf der umgekehrten Gewissheit beruhen, dass Gott nicht existiert...

Wer Schöpfer sein will, sowohl im Guten wie im Bösen, muss nach Nietzsche zuerst wissen, wie er Werte zerstört und zunichte macht. In der Tat werden sie vor unseren Augen und unter unseren Füßen zertreten, überall. Wir haben aufgehört die neu erfundenen Theorien zu zählen, die auf uns geworfen werden mit Namen, die ebenso vielfältig sind wie ihre Methoden des Denkens, jede als Vorbote einer neuen Wahrheit, die sie in Kürze zu realisieren verspricht, freudig im Begriff, die schöne neue Welt von morgen zu schaffen, indem sie zuerst die Welt von heute vernichtet...

Seit Menschen sich geweigert haben, Gott zu dienen, gibt es keine Berufungsinstanz mehr zwischen ihnen und dem Staat, der sie beherrscht. Es ist nicht mehr Gott, sondern der Staat, der sie richtet. Aber wer wird dann den Staat richten?"[4]

Wenn es keine absolute moralische Ordnung mehr gibt, keine absoluten Normen außerhalb der Subjektivität des Menschen, keinen unerschütterlichen Maßstab für Gut und Böse, an dem wir die Richtigkeit oder Falschheit unserer persönlichen, nationalen und internationalen Taten messen können, was kann dann noch verhindern, dass die Menschheit nach beliebigen Theorien, Impulsen, vagen Utopien umgebildet wird? Was kann dann noch verhindern, dass ein bestimmter Teil der Menschheit weniger menschlich ist als ein anderer Teil – und folglich keinen Anspruch auf Leben hat? Das ist bereits geschehen, die Abtreibung ist dafür ein offensichtliches Beispiel. Aber wir haben uns daran gewöhnt. Wir wissen, dass es falsch ist und dennoch ist Abtreibung zur Normalität geworden. Obwohl wir weiterhin Widerstand leisten, haben wir die Institutionalisierung des Bösen von der Spitze bis zur Basis der Gesellschaft in unserem Bewusstsein als „normal" gespeichert.

Josef Pieper sagt in seinem Aufsatz *The Art of Not Yielding to Despair*[5] etwas Ähnliches und zitiert dabei aus einem breiten Quellenspektrum, das vom heiligen Johannes

---

4   Étienne Gilson, *The Terrors of the Year 2000* (Die Schrecken des Jahres 2000), beruhend auf einem Vortrag von 1948 vor den Bischöfen Frankreichs mit dem Titel *Die Intellektuellen und der Friede* und Vorlesungen, die er im selben Jahr im Päpstlichen Institut für Studien des Mittelalters hielt. Der Aufsatz wurde 1949 vom St. Michael's College in Toronto veröffentlicht.

5   Josef Pieper, *An Anthology*, Ignatius Press, San Francisco 1989 (Deutsch: Josef Pieper, *Lesebuch*, Kösel, München 1984)

auf Patmos, über Friedrich Nietzsche, Karl Marx, Thomas Mann und Robert Oppenheimer bis zu Aldous Huxleys *Wiedersehen mit der schönen neuen Welt* reicht. In seiner Dystopie *Schöne neue Welt* von 1931 hatte Huxley davor gewarnt, dass sich ein Zeitalter der Eine-Welt-Regierung nähere (wenn auch erst in ferner Zukunft), und diese das Privatleben und die persönliche Verantwortung beseitigen würde. Als Huxley sein Werk von 1931 dreißig Jahre später wieder in Augenschein nahm, war er deutlich weniger optimistisch und kam zu der Überzeugung, dass die Voraussagen, die er 1931 gemacht hatte, sehr viel schneller eintreffen würden, als er das für möglich gehalten hatte. In der nahen Zukunft, so warnte er, würden wir den Aufstieg einer „wissenschaftlichen Diktatur" sehen, in der es zwar weniger Gewalt als unter Hitler und Stalin geben würde, in der wir jedoch „von einem Korps hochausgebildeter Sozialingenieure schmerzfrei beherrscht würden", wobei die Medien ununterbrochen von „Demokratie und Freiheit" reden würden, „aber die eigentliche Substanz wäre eine neue Art von nichtgewaltsamem Totalitarismus". Pieper weist darauf hin, dass dies die unmenschlichste Form des Totalitarismus sei, den zu überwinden fast unmöglich sei, denn er kann sich immer auf scheinbar überzeugende Argumente stützen, um zu beweisen, dass er nicht das ist, was er in Wirklichkeit ist.

In seinem Werk von 1942 *The Judgement of the Nations*, das sich mit der heraufziehenden Nachkriegsepoche befasst, stellt der Historiker Christopher Dawson den Zusammenbruch des Römischen Reiches dem Niedergang der christlichen Zivilisation gegenüber. Er glaubte, dass bei Letzterem etwas sehr viel Unheilvolleres am Werke sei.

Denn die Zivilisation, die untergraben wurde und jetzt mit der vollständigen Subversion bedroht ist, ist eine christliche Zivilisation, die auf den geistlichen Werten und religiösen Idealen eines heiligen Augustinus und Seinesgleichen aufgebaut ist; und ihr Widersacher ist nicht einfach das Barbarentum fremder Völker, die auf einer niedrigeren kulturellen Ebene stehen, sondern neue Mächte, die mit allen Hilfsmitteln wissenschaftlicher Technik bewaffnet und von einem skrupellosen Machtwillen getrieben sind, der kein Gesetz kennt außer das der eigenen Stärke.

Dawson bezieht sich hier auf offensichtliche Diktaturen. Aber im Weiteren äußert er einige zusätzliche Warnungen, die uns alle angehen:

Die Situation, mit der Christen heute konfrontiert sind, hat mehr mit dem zu tun, was der Autor der Apokalypse beschreibt, als mit dem Zeitalter des heiligen Augustinus. Die Welt ist mächtig und hat ihre bösen Herren. Aber diese Herren sind nicht üble Autokraten wie Nero oder Domitian. Sie sind die Ingenieure des Mechanismus der Macht über die ganze Welt, ein Mechanismus, der allem, was die alte Welt kannte, weit überlegen ist, denn er stützt sich nicht nur auf äußere Mittel wie der Despotismus der Vergangenheit, sondern benutzt alle Erkenntnisse der modernen Psychologie, damit die menschliche Seele der Motor dieses dynamischen Zweckes werde.[6]

Dawson beschreibt die Umrisse eines möglichen globalen Totalitarismus in der Zukunft, der aus christlicher Sicht der schlimmste ist, weil darin das Böse entpersonalisiert ist, „losgelöst von individuellen Begierden und Leidenschaften ... und in eine Sphäre erhoben, in der alle moralischen Werte verwirrt und umgedeutet sind. Die großen Terroristen ... waren keine unmoralischen Männer, sondern rigide Puritaner, die das Böse kalt getan haben, aus Prinzip.“

Wenn besonnene und hellsichtige Geistesgrößen wie Gilson, Pieper und Dawson (die Liste ließe sich leicht erweitern) mit Dringlichkeit über den einzigartigen Charakter unserer Zeit gesprochen haben, dann sollten auch wir, die wir eine Generation später leben, uns fragen, ob die Geschichte möglicherweise auf ihre entscheidende Krise zuläuft. Die unter vielen katholischen Denkern weit verbreitete Unlust, sich mit den apokalyptischen Elementen der Gegenwart ernsthaft auseinanderzusetzen, ist Teil des Problems, dem sie sich nicht stellen wollen.

Wenn das apokalyptische Denken weitgehend denen überlassen bleibt, die sich in Fantasien kosmischen Terrors ergehen, dann ist das nicht nur ein Verlust für die Christen, sondern für die gesamte Menschheit. Und dieser Verlust misst sich an der Zahl der verlorenen Seelen.

---

6   Christopher Dawson, *The Judgement of the Nations,* Sheed & Ward, New York 1942

Ein großer Teil der apokalyptischen Kommentare aus den akademischen Zirkeln unserer Zeit ist auf die üblichen Deutungen des ersten Jahrtausends begrenzt. „Ja, ja", hören wir immer wieder, „damals im zehnten Jahrhundert gab es um die Jahrtausendwende eine Massenhysterie; aber das Datum ging vorüber, und die Welt ist nicht untergegangen."

Für eine Ansprache an die Bischöfe Frankreichs studierte Gilson jene Periode sehr sorgfältig; er fand keine Belege für die Theorie, es hätte im zehnten Jahrhundert zur Jahrtausendwende eine fiebrige Massenerregung gegeben. Die Behauptung einer angeblich weit verbreiteten Hysterie erwies sich als völlig übertrieben und beruht hauptsächlich auf den Schriften eines einzigen Klerikers. Gilson gesteht zu, dass es einzelne Vorfälle gegeben hat, aber Massenhysterie war eindeutig nicht die Stimmung jener Zeit.

Wie sollen wir die verbreitete Abneigung von Intellektuellen gegen eine ernste Reflektion apokalyptischer Themen verstehen? Angst vor dem Irrationalen? Abneigung gegenüber einem Thema, das voller Untiefen ist und sich für alle möglichen überspitzten Hypothesen eignet? Es ist durchaus richtig, sich davor zu hüten, die eigenen, diffusen Ängste auf eine große, gefährliche Welt zu projizieren. Dennoch sollte dieses Unbehagen nicht dazu führen, die eigene Kritikfähigkeit auszuschalten oder das Charisma geistlicher Unterscheidungsfähigkeit zu lähmen, das Christen in Anspruch nehmen sollten, wenn sie die Welt verstehen wollen. Fürchten wir uns so sehr vor einer paranoiden Verblendung, dass wir gar nicht mehr die Möglichkeit in Betracht ziehen, es könnte sich in unserer Zeit tatsächlich so etwas wie eine Apokalypse ereignen? Ist die Psychologie der Verleugnung nicht genauso gefährlich wie die Psychologie der Hysterie – ja sogar gefährlicher, denn Hysterie lässt sich nicht lange aufrechterhalten, aber Verleugnung führt zu einer tiefsitzenden Gleichgültigkeit. Wie leicht ist es doch, die ganze Frage mit einer wegwerfenden Handbewegung über den dürftigen Stil und die offensichtlichen Exzesse vieler „Endzeit"-Schriftsteller oder die schrillen, apokalyptischen Schlagzeilen der Boulevardpresse abzutun. Das Thema „Weltkatastrophe" führt besonders bei hochspezialisierten Akademikern zu einer Art Kniereflex der Ablehnung, so dass sie geneigt sind, das Thema vollständig zu meiden.

Die menschliche Psychologie ist so geartet, dass wir unsere eigene Zeit als normal wahrnehmen. Wir sind in eine gegebene Kultur hineingeboren und darin aufgewachsen, die uns mit spezifischen spirituellen und materiellen Realitäten umgibt. Jede Generation empfindet die Welt als unvollkommen, aber es ist *ihre* Welt. Es wird jedoch einen Punkt in der Geschichte geben, an dem die dann lebende Generation die letzte Stufe der Apokalypse erleiden wird und dennoch wird ihr die Welt als normal erscheinen. Es wird Probleme geben und die Leute mögen vielleicht sogar zugeben, dass diese Probleme ernst sind, aber die meisten werden sie nicht als die absolute Krise wahrnehmen können, wie sie im Buch der Offenbarung dargestellt wird. Genau davor warnt uns Jesus in Matthäus 24. Die Generation, die am wenigsten wach ist, am wenigsten fähig zu erkennen, was vor sich geht, die sich vielleicht sogar wohl fühlt und zuversichtlich ist, genau die wird es sein, in der sich der Geist des Antichrist vollständig manifestieren wird. Sind wir diese prophezeite Generation?

Und wenn wir es sind, wie wird der Prozess der Versklavung gelingen? Es wird eine immer größere Machtanmaßung des Staates geben, die mit der schrittweisen Beschneidung der Bürgerrechte einhergeht; der Staat wird uns die Last der Verantwortung in vielen Bereichen von den Schultern nehmen und uns dafür mit Annehmlichkeiten belohnen; es wird eine Klasse von „Wissenden" heranwachsen, welche die Organe institutioneller Regierungsgewalt nach schillernden neognostischen Prinzipien gestalten wird. Wenn gleichzeitig die Fähigkeit des Menschen reduziert wird, von seiner Vernunft Gebrauch zu machen, insbesondere von seinem analytischen und kontemplativen Vermögen, und zwar durch eine korrumpierte Erziehung, mediale Indoktrination und einen allgemeinen Verlust des Lebenssinns und des Wertes der menschlichen Person, dann kann die neue Weltordnung durchgesetzt werden. Dies kann am Effektivsten dadurch geschehen, dass sie als „moralisch gut" hingestellt wird, als ein großer Sprung nach vorne im Namen der Menschheit.

Das ist in zahlreichen westlichen Nationen bereits im Gange und kann in der nahen Zukunft globale Ausmaße erreichen. Was steht dem im Wege? Allein die römisch-katholische Kirche.

Johannes Paul II. sagte in einigen öffentlichen Vorträgen und in seinen Enzykliken, insbesondere *Centesimus Annus* und *Evangelium Vitae*, dass wir uns nicht in der Hoffnung wiegen sollten, die Menschheit werde nun wieder auf den rechten Kurs kommen und einer herrlichen Zukunft entgegenschreiten, nur weil die brutaleren Formen des Totalitarismus wie Faschismus und Marxismus anscheinend überwunden und in den früheren Tyrannenstaaten durch demokratische Regierungen ersetzt worden seien. Johannes Paul II. hat beständig gelehrt, dass es falsch ist, sich die Zukunft als Wiederherstellung der Welt durch unaufhaltsame, evolutionäre Prozesse vorzustellen; vielmehr warnt er die westlichen, liberalen Demokratien davor, dass sie langfristig sogar in noch größerer Gefahr seien als die Völker Osteuropas und anderer Teile der Welt, die unter offener Tyrannei gelitten haben. Ihre Leiden waren katastrophal; es waren gekreuzigte Nationen, gekreuzigte Völker, gekreuzigte Kirchen. Aber in diesen Ländern war das Tier nicht maskiert, es zeigte sich als das, was es war.

Das Tier, das jetzt überall sein Unwesen treibt, verschlingt die Unschuldigen und Schwachen, die sich nicht wehren können. Am offensichtlichsten ist der staatlich legitimierte und finanzierte Massenmord von ungeborenen Kindern. Inzwischen verbreitet sich Euthanasie immer mehr. Vor zehn Jahren konnte ein Mitglied meiner Großfamilie nur um ein Haar vor der Ermordung in einer katholischen Institution gerettet werden. Solche Ereignisse häufen sich zunehmend. Warum wird das, was einst undenkbar war, zur Normalität? Es wird sich weiter ausbreiten, weil das Denken verschwommen geworden ist – innerhalb und außerhalb der Kirche – und weil das Gewissen immer mehr eingeschläfert wird, obwohl man sich mitunter mit Emphase darauf beruft. Bedauerlicherweise wird die Betäubung des Gewissens durch theologische Spitzfindigkeiten gefördert, die aus der Wahrheit zweideutige Abstraktionen machen, die zunächst moralische Verwirrung stiften und schließlich die Menschen glauben machen, dass Wahrheit nicht vereinbar sei mit der praktischen Realität.

Papst Leo XIII. schrieb in seiner Enzyklika *Divinum illud munus* (Nr. 10) über den Heiligen Geist Folgendes:

> Wie nämlich Herzenskälte die Hand des Gebers verschließt, so wird diese durch einen dankbaren und erkenntlichen Sinn geöffnet. Es ist jedoch sehr darauf zu achten, dass sich diese Liebe nicht nur auf dürres Wissen und auf äußerliche Ehrerbietung beschränke; sie soll sich vielmehr in unserem ganzen Tun und Lassen bekunden, am allermeisten in der Vermeidung der Sünde, beleidigt sie doch in besonderer Weise den Heiligen Geist. Denn was immer wir sind, das verdanken wir der göttlichen Güte, die insbesondere dem Heiligen Geiste zugeeignet wird. Ihn, seinen Wohltäter, beleidigt also der Sünder, der gerade im vermessenen Vertrauen auf die Gaben seiner Güte sich täglich anmaßender gebärdet.
>
> Freilich, wenn jemand aus Schwäche oder Unverstand sündigt, so ist er vielleicht vor Gott noch entschuldbar, da der Heilige Geist der Geist der Wahrheit ist; wer jedoch aus Bosheit der Wahrheit widersteht und sich von ihr abwendet, der versündigt sich sehr schwer gegen den Heiligen Geist. Diese Haltung ist allerdings in unseren Tagen so häufig, dass jene schlimmen Zeiten angebrochen zu sein scheinen, die Paulus vorausverkündet hat, und wo die Menschen, durch Gottes Gericht verblendet, die Lüge für Wahrheit hinnehmen und dem Fürsten dieser Welt, der Lügner ist und Vater der Lüge, Glauben schenken, als wäre er

der Lehrer der Wahrheit: Gott wird die Macht der Irreführung über sie kommen lassen, so dass sie der Lüge glauben (2 Thess 2,11); in den letzten Zeiten werden manche vom Glauben abfallen und irreführenden Geistern und Teufelslehrern Gehör schenken. (1 Tim 4,1) Da aber, wie wir oben erwähnt haben, der Heilige Geist in uns wie in einem Tempel wohnt, sollen wir auch jene Worte des Apostels beherzigen: Betrübet nicht Gottes Heiligen Geist, mit dem ihr besiegelt seid. (Eph 4,30)

Der heilige Papst Pius X. schrieb in seiner Antrittsenzyklika von 1903, *E supremi apostolatus – Über die Wiederherstellung aller Dinge in Christus* (Nr. 5):

Die Betrachtung dieser Zustände ruft unwillkürlich die Befürchtung wach, als hätten wir in dieser Verderbnis der Herzen die Vorboten, ja den Anfang jener Übel vor uns, welche am Ende der Zeiten zu erwarten sind, oder als weilte ‚der Sohn des Verderbens', von dem der Apostel spricht (2 Thess 2,3), schon jetzt auf Erden. Wird doch überall mit solcher Verwegenheit und solchem Ungestüm versucht, die Ehrfurcht vor der Religion zu erschüttern und die Beweisführung für die geoffenbarte Glaubenswahrheit bekämpft und auf die völlige Aufhebung jeder pflichtmäßigen Beziehung des Menschen zu Gott mit aller Kraft hingearbeitet. Anderseits – und das ist nach demselben Apostelwort das Merkmal des Antichrist – stellt der Mensch in größter Vermessenheit sich an die Stelle Gottes und erhebt sich über alles, was Gott genannt wird. Wohl kann er den Gedanken an Gott nicht gänzlich in sich austilgen, doch treibt er die

Überhebung so weit, dessen Hoheit zu verleugnen und sich selbst diese sichtbare Welt wie als Tempel zu weihen, um sich von den andern anbeten zu lassen. „In Gottes Tempel setzt er sich (so) und gibt sich für Gott aus." (2 Thess 2,4)

Fünf Jahre später sagte er bei der Seligsprechung der Jeanne d'Arc:

In unserer Zeit, mehr als je zuvor, ist das größte Kapital derer, die Böses tun, die Feigheit und Schwäche der Guten und die ganze Macht der Herrschaft Satans beruht auf der Bequemlichkeit und Schwäche der Katholiken. O, wenn ich wie der Prophet Sacharja den göttlichen Erlöser fragen könnte: ‚Was sind das für Wunden an deinen Händen?', gäbe es keinen Zweifel über die Antwort: ‚Das sind die Wunden, die mir im Haus derer zugefügt wurden, die mich liebten. Ich wurde von meinen Freunden verwundet, die nichts taten, um mich zu verteidigen und die sich bei jeder Gelegenheit zu Komplizen meiner Widersacher machten.' Dieser Vorwurf gilt auch heute den schwachen und furchtsamen Katholiken aller Länder.[7]

In einer Predigt bei der Messe zu Peter und Paul am 29. Juni 1972 sagte Paul VI.:

„Wir haben das Gefühl, dass durch einen Spalt der Rauch des Satans in den Tempel Gottes eingedrungen ist."

---

7 *Dekret Papst Pius' X. über den heroischen Tugendgrad der heiligen Johanna von Orléans*, 13. Dezember 1908

In seiner feierlichen Ansprache zum sechzigsten Jahrestag der Erscheinungen von Fatima am 13. Oktober 1977 ging er sogar noch weiter. Er sagte:

> Der Schwanz des Teufels ist im Begriff die katholische Welt in Auflösung zu bringen. Die Finsternis des Satans ist in die katholische Kirche eingedrungen und breitet sich aus bis in die Spitze. Die Apostasie, der Glaubensabfall, hat die ganze Welt ergriffen, sogar die höchsten Ebenen der Kirche."[8]

Die Wortwahl ist bedeutsam, denn sie lässt an den „Schwanz des Teufels" in der Offenbarung denken:

> Dann erschien ein großes Zeichen am Himmel: eine Frau, mit der Sonne bekleidet; der Mond war unter ihren Füßen und ein Kranz von zwölf Sternen auf ihrem Haupt. Sie war schwanger und schrie vor Schmerz in ihren Geburtswehen. Ein anderes Zeichen erschien am Himmel und siehe, ein Drache, groß und feuerrot, mit sieben Köpfen und zehn Hörnern und mit sieben Diademen auf seinen Köpfen. Sein Schwanz fegte ein Drittel der Sterne vom Himmel und warf sie auf die Erde herab. Der Drache stand vor der Frau, die gebären sollte; er wollte ihr Kind verschlingen, sobald es geboren war. (Offb 12,1-4)

Die Frau mit der Sonne bekleidet ist ein Typus oder Symbol für die Muttergottes und für die Kirche, ist also multidimensional. Der Versuch des Satans, das Christuskind

---

8   Ansprache Pauls VI. am sechzigsten Jahrestag von Fatima

durch die Hand des Königs Herodes vernichten zu lassen, ist die reale historische Bedeutung; die Rolle der Gottesmutter am Ende der Zeiten ist eine weitere allegorische und prophetische Bedeutungsebene, die sich an einem Punkt in der Zukunft als real und historisch erweisen wird. In diesem Zeichen kann aber auch die Rolle der Kirche zu allen Zeiten gesehen werden, ihre Mühsal, die Frucht der Erlösung in der Welt hervorzubringen. In gewisser Hinsicht ist jedes Kind ihr Kind. Wenn also dieser Begriff im Zusammenhang mit der „Auflösung der katholischen Welt" benutzt wird, dann ist das im Mund eines Papstes eine sehr massive Ausdrucksweise.

1976 hielt ein polnischer Kardinal mit dem Namen Karol Wojtyła bei seinem Besuch in den Vereinigten Staaten eine Ansprache. Er sagte:

Wir befinden uns nun in der größten historischen Konfrontation, welche die Menschheit je erlebt hat. Ich befürchte, dass dies weiten Kreisen der amerikanischen Gesellschaft oder auch nur der Christengemeinschaft nicht wirklich klar ist: Wir stehen der endgültigen Konfrontation zwischen der Kirche und der Anti-Kirche, dem Evangelium und dem Anti-Evangelium gegenüber. Diese Konfrontation liegt in den Plänen der göttlichen Vorsehung. Es ist eine Prüfung, der sich die gesamte Kirche unterziehen muss.[9]

---

[9] Rede Karol Wojtyłas beim Eucharistischen Kongress in Philadelphia, USA, 1976. Diese Ansprache fand weite Verbreitung nach seiner Wahl zum Papst und wurde am 9. November 1978 erneut in *The Wall Street Journal* veröffentlicht.

Es sollte uns aufhorchen lassen, dass der Mann, den der Heilige Geist zwei Jahre später auf den Stuhl Petri setzen wird, von der „endgültigen Konfrontation" als einer gegenwärtigen Realität spricht. Es sind nur zwei Worte, aber darin verbirgt sich eine ganze Weltsicht.

Im Jahr 2000 sprach Kardinal Joseph Ratzinger in einem Vortrag in Palermo von der realen Möglichkeit, dass der endgültige Kampf tatsächlich in unserer eigenen Zeit stattfinden könnte. Bezugnehmend auf das Buch der Offenbarung sagte er, der Erzfeind des Vaters von Anfang an sei „das Tier" oder der Teufel, der keinen Namen habe, sondern eine Nummer. Der Kardinal zog eine Parallele zwischen unserer Zeit und den Vernichtungslagern des Holocaust im Hinblick auf das alles durchdringende technologische Element, welches die neue globale Zivilisation mit ihrem Potential zur Korruption und Entmenschlichung der Seelen charakterisiert. Er sagte:

Im Grauen der Konzentrationslager wurden Gesichter und Geschichte ausgelöscht und der Mensch zu einer Nummer reduziert, ein Zahnrad in einer riesigen Maschine. Der Mensch war nur noch eine Funktion...

In unserer Zeit dürfen wir nicht vergessen, dass sie ein Vorausbild des Schicksals einer Welt sind, welche in Gefahr steht, die selbe Struktur anzunehmen wie die Konzentrationslager, wenn sie sich dem universellen Gesetz der Maschine unterwirft. Die Maschinen zwingen dieses Gesetz auf. Nach dieser Logik muss der Mensch durch einen Computer erfasst werden und das ist nur möglich, wenn er in Zahlen übersetzt wird. Das Tier ist eine Zahl und verwandelt in Zahlen. Gott hingegen hat einen Namen und ruft beim Namen. Er ist eine Person und er sucht die Person.[10]

Kardinal Ratzinger bezog sich damit nicht auf den offensichtlichen Terror solcher Lager, sondern auf das, was sie in ihrem Wesen sind. Sie lassen ahnen, was aus der Welt werden wird, wenn sie sich dem universellen Gesetz der Maschine unterstellt. Von Gott geliebte Wesen mit einer ewigen Seele werden auf Objekte reduziert und von Regierungen, die niemandem Rechenschaft schulden und welche die gesellschaftlichen Kräfte kontrollieren, nach Bedarf gebraucht oder weggeworfen. Dies führt unaufhaltsam zu einer radikalen Entmenschlichung. In dieser „schönen neuen Welt" werden die Reste von „Spiritualität", die sie noch enthalten mag, nicht zum Vater führen, sondern direkt zum Satan.

Der Kardinal betonte, der entscheidende Faktor bei der Machtausdehnung des Tieres und dem Nachlassen des Widerstandes bestehe darin, dass wir Gott nicht mehr als unseren Vater erkennen, was zum Verlust spiritueller Vaterschaft in der modernen Zeit geführt hat: „Die Krise der Vaterschaft, die wir heute durchleben, ist ein Element, vielleicht sogar das wichtigste, welches die Menschlichkeit des heutigen Menschen bedroht. Die Auflösung von Vaterschaft und Mutterschaft erlaubt uns nicht mehr, Söhne und Töchter zu sein."

Aber wie wir wissen, wurde der Satan bereits besiegt. In der Generalaudienz vom 11. Mai 2005, wenige Tage nach

---

[10] Kardinal Joseph Ratzinger, Ansprache an Priester und Seminaristen in Palermo am 15. März 2000

seiner Wahl zum Papst, kommentierte Papst Benedikt XVI. das Loblied Gottes im fünfzehnten Kapitel der Offenbarung:

> In der Tat liegt die Geschichte nicht in den Händen dunkler Gewalten, des Zufalls oder rein menschlicher Entscheidungen. Über den sich entfesselnden, bösen Mächten, über dem mit Gewalt eindringenden Satan, über den vielen Plagen und Übeln, mit denen wir konfrontiert sind, steht der Herr, der höchste Richter der Geschichte. Er führt sie weise zum Aufgang des neuen Himmels und der neuen Erde, die im letzten Teil des Buches der Offenbarung unter dem Bild des neuen Jerusalem besungen werden (vgl. Offb 21-22).

Der Sieg Christi ist das erste und letzte Thema des Buches der Offenbarung und so muss es auch das erste und letzte Wort unseres eigenen Lebens sein. Wir sind nicht allein, wir sind nicht der Bosheit dunkler Mächte und dem bösen Treiben ihrer menschlichen Handlanger ausgeliefert. Jesus Christus ist der Herr der Geschichte, an ihm müssen wir festhalten auf unserem Weg durch ein dunkles Zeitalter. Wir müssen dies tun wie kleine Kinder, die sich an die Hand des Vaters klammern. Unabhängig davon, ob uns noch tausend Jahre gewährt sind oder hundert oder zehn oder vielleicht noch weniger, die Wahrheit bleibt immer dieselbe:

> „Wenn ihr nicht umkehrt und wie die Kinder werdet, könnt ihr nicht in das Himmelreich kommen." (Mt 18,3)

Der Verlust des Empfindens für spirituelle Vaterschaft und der damit einhergehende Verlust spiritueller Kindschaft sind die größten Leerstellen in der modernen Welt; vielleicht sind sie es sogar in unserem persönlichen Glaubensleben. Dann wissen wir, was unsere Aufgabe ist, und kennen das „Überlebenshandbuch" für die Apokalypse.

Der Herr steht immer bereit, uns zu empfangen, uns zu nähren, zu beschützen und zu leiten. Nimm und iss, komm und trink, öffne und lese. Das Leben ergießt sich durch die geöffneten Seiten der Schrift. Es sind keine toten Buchstaben, auch keine *wahren* toten Buchstaben, nein, es sind lebendige Worte. Der Herr sagt zur Kirche von Sardes: „Werde wach und stärke, was noch übrig ist, was schon im Sterben lag" (Offb 3,2). Dieser Mahnruf, diese Warnung, gilt jeder Gemeinde und jeder Kirche.

Das Buch der Offenbarung erreicht seinen Höhepunkt mit den letzten Worten Christi: „Ich komme bald."

Die Heilige Schrift endet mit der Antwort des heiligen Johannes, der für die gesamte Kirche fleht: „Komm, Herr Jesus!"

II.

Fragen und Antworten[11]

Frage: Kürzlich las ich ein Zitat von Johannes Paul II., in dem er sagt, unser Gewissen sei wie ein feines Musikinstrument, dass beständig gestimmt werden müsse. Besonders berührt mich, dass wir kindliche Fügsamkeit und Offenheit gegenüber dem Heiligen Geist haben müssen, damit er unser Gewissen wirklich „stimmen" kann. Können Sie näher darauf eingehen?

O'Brien: Ich stimme völlig mit dem überein, was der Heilige Vater gesagt hat und könnte es nicht besser ausdrücken. Das Bild, dass unser Gewissen wie eine Violine gestimmt werden muss, trifft es genau, weil die Erschaffung des menschlichen Lebens ebenso wie die Erschaffung von Musik ein cokreativer Prozess ist. In beiden Bereichen antworten wir auf eine Gnade, die uns von oben geschenkt wird. Unser Bewusstsein muss immer wieder „justiert" werden wie die Wirbel eines Saiteninstruments, weil die Saiten immer wieder erschlaffen . Durch die Unterordnung des Musikinstruments unter den Meister-Komponisten und den Meister-Musiker kann die Herrlichkeit der Musik sich in die Welt verströmen – die Musik unseres Lebens.

---

[11] Überarbeitetes Interview im Anschluss an den Vortrag *Leben wir in apokalyptischen Zeiten*

Es ist interessant, dass Sie das Wort Fügsamkeit gegenüber dem Heiligen Geist verwenden. Das ist ein sehr wichtiger Begriff. Gott will nicht, dass wir passiv sind wie eine Handpuppe. Er will, dass wir im intimen Dialog zwischen Liebendem und Geliebtem, zwischen Gott und seinem geliebten Geschöpf feinfühlig reagieren. Fügsamkeit ist etwas vollkommen anderes als passives Geschehenlassen auf der einen oder Aktivismus auf der anderen Seite.

Frage: Es erstaunt mich, dass Sie Themen wie eine bevorstehende Erleuchtung des menschlichen Gewissens, eine weltweite Züchtigung oder ein tausendjähriges Friedensreich nicht berührt haben. Diese sind ein wichtiger Teil der Botschaften vieler Seher und Visionäre unserer Zeit.

O'Brien: Mir sind diese Themen wohl bekannt, die ja in derzeitigen Privatoffenbarungen eine große Rolle spielen: eine bevorstehende große Warnung, eine Erleuchtung des Gewissens oder ein Strafgericht über die Welt, wenn die Menschheit nicht bereut, gefolgt von tausend Jahren Friede. Mein persönlicher Eindruck ist – wobei ich mich immer dem Urteil der Kirche unterstelle – dass wir tatsächlich einer weltweiten Erleuchtung des Gewissens entgegengehen (und viele Menschen erfahren das bereits), einer tieferen und beschleunigten Offenbarung des tatsächlichen Zustandes unserer Seele, der Selbsterkenntnis, wer wir in den Augen Gottes tatsächlich sind. Wenn die Menschheit als Ganzes bald einen solchen Erleuchtungsmoment erleben sollte, dann wird das ein Schock sein, der uns alle zu der Erkenntnis bringen wird, dass Gott existiert; dies wird dann unser Augenblick der Entscheidung sein – ob wir weiterhin unser eigener Kleingott sein und die Autorität des einzig wahren Gottes leugnen wollen oder ob wir die göttliche Barmherzigkeit annehmen und in unserer wahren Identität als Söhne und Töchter des Vaters leben wollen. Wenn die Menschheit sich nicht für Letzteres entscheidet, dann wird eine Reinigung der Welt erfolgen. Über die genauen Einzelheiten, Daten und Zeiten schreibe und spreche ich nicht, weil ich darüber keine Kenntnis habe. Ich bleibe wach und beobachte. Ich lasse Prophetien nicht unberücksichtigt, aber es ist nicht meine Aufgabe, sie zu verbreiten; das überlasse ich der Kirche.

Wer mehr über die Methode der Kirche zur Unterscheidung von Privatoffenbarungen erfahren will, dem empfehle ich das ausgezeichnete Buch von Dr. Mark Miravalle, *Privatoffenbarung im Licht der Kirche*.[12] Er ist Professor für marianische Theologie an der Franciscan University of Steubenville, Ohio, und eine weltbekannte Autorität für Marienerscheinungen.

Frage: Aber die Tausend Jahre Friede sind biblisch, nicht wahr? Sie werden kommen!

O'Brien: Die „Tausend Jahre Friede", die im 20. Kapitel der Offenbarung beschrieben werden, wird es der Prophezeiung gemäß geben. Wir müssen studieren und im Gebet erwägen, was die Kirche über diese geheimnisvolle Periode

---

12 Mark Miravalle, *Privatoffenbarung im Licht der Kirche,* dip3 Bildungsservice GmbH, 2013

lehrt. Viele Seher und Schriftsteller entfalten gegenwärtig unterschiedliche Szenarien zu diesem Thema. Manche sind eindeutig falsch, voller theologischer Fehler; andere vertreten den Millenarismus in ganzer oder abgeschwächter Form. Beide Interpretationen der Schrift sind jedoch von der Kirche verurteilt worden. In der gröbsten Form sind es die alten chileastischen Häresien, die von einer unmittelbaren Tausendjährigen Herrschaft Christi sprechen, der selbst körperlich auf der Erde anwesend sein und über ein Reich aller erdenklichen, sinnlichen Freuden herrschen würde. Die gemäßigteren millenaristischen Spekulationen sind etwas verhaltener, was die sinnlichen Genüsse angeht, aber sie erwarten dennoch ein vollständig realisiertes Paradies in dieser Welt. Diese Szenarien tauchen jetzt wieder in einer weniger hedonistischen Form auf und werden manchmal von gutwilligen Leuten auch unter Katholiken verbreitet.

Die meisten Kirchenväter, die Apostolischen Väter eingeschlossen, sehen in den „Tausend Jahren des Friedens" eine symbolische Zahl, welche auf eine ausgedehnte Periode außergewöhnlicher Konversionen und Wiederherstellung in Christus hindeutet, und zwar an einem Punkt *nach* der entscheidenden Phase des apokalyptischen Kampfes (dem Aufstieg und Fall des Antichrist) und *vor* der letzten Freisetzung des Satans und seiner dann folgenden endgültigen Entmachtung. Erst am Ende der Zeiten, am Ende des Endes, wenn man so sagen will, wird der Satan in den See von brennendem Schwefel geworfen, in den bereits das Tier und der falsche Prophet gestürzt wurden. Dann kommen der neue Himmel und die neue Erde und das Neue Jerusalem.

Wenn das Buch der Offenbarung das gewaltige Panorama der gesamten Periode von der Inkarnation bis zum Kommen des Neuen Jerusalem entfaltet, dann müssen wir uns hüten, einer multidimensionalen Vision lineare Konzepte überzustülpen. Wie und auf welche Weise die symbolischen Elemente Gestalt annehmen werden, ist noch nicht klar. Aus diesem Grund mögen wir über die genaue Chronologie und die Dauer dieser bevorstehenden Dinge im Gebet nachsinnen (so wie die Muttergottes „alles, was geschehen war, in ihrem Herzen bewahrte und darüber nachdachte" (Lk 2,19); aber wir sollten nicht vorschnell private Interpretationen für bare Münze nehmen. Ich weiß einfach nicht, was genau geschehen wird und halte mich deswegen zurück, meine eigenen Spekulationen zu diesem bereits überfrachteten Feld hinzuzufügen. Ich glaube, dass wir zur rechten Zeit wissen werden, was wir wissen müssen.

Frage: Wollen Sie damit sagen, dass wir nicht auf Privatoffenbarungen hören sollen?

O'Brien: Nein, keineswegs. Ich möchte dazu ermahnen, dass wir sorgfältiger unterscheiden, als wir das bisher getan haben und Gott um Klugheit und Weisheit bitten. Der heilige Paulus legt die Kriterien zur Beurteilung von Privatoffenbarungen fest. In seinem ersten Brief an die Thessalonicher (5,20-21) schreibt er: „Verachtet prophetisches Reden nicht" und fügt dann hinzu: „Prüft alles, und behaltet das Gute"! Löscht den Heiligen Geist nicht aus, sondern untersucht alles sorgfältig, was durch menschliche Instrumente mitgeteilt wird. Das sollte unsere Haltung zu behaupteten visionären Offenbarungen von Privatpersonen sein: Denke darüber nach und bete darüber, aber gib ihnen nicht vorschnell eine Art von lehramtlicher Autorität. Auch die Kirche hat uns zeitgemäße Leitlinien gegeben, wie wir mit Privatoffenbarungen umgehen sollen, und ebenso die großen Heiligen. Die heilige Teresa von Ávila, die heilige Katharina von Siena, der heilige Ignatius von Loyola und andere haben über die Bedeutung innerer Einsprechungen und ähnlicher Phänomene im geistlichen Leben geschrieben, die durchaus ernst zu nehmen sind. Aber sie empfehlen nachdrücklich, diese mit größter Sorgfalt zu prüfen, denn unsere menschliche Imagination wie auch die Täuschungen des Feindes können solche Gnaden vortäuschen oder echte Eingebungen mit subjektiven Interpretationen entstellen.

Die Kluft zwischen einem authentischen, inspirierten Wort, das Gott in einer Privatoffenbarung spricht, und der Interpretation dieses Wortes durch den menschlichen Geist kann manchmal sehr groß sein. Was die Möglichkeit trügerischer, spiritueller „Inspirationen" angeht, so müssen wir uns bewusst machen, dass der Teufel uns über lange Zeit sehr genau beobachtet. Er hat einen Doktor in Psychologie und verleiht auch akademische Titel!

In den letzten Zeilen des Buches der Offenbarung steht eine ernste Warnung:

Ich bezeuge jedem, der die prophetischen Worte dieses Buches hört: Wer etwas hinzufügt, dem wird Gott die Plagen zufügen, von denen in diesem Buch geschrieben steht. Und wer etwas wegnimmt von den prophetischen Worten dieses Buches, dem wird Gott seinen Anteil am Baum des Lebens und an der heiligen Stadt wegnehmen, von denen in diesem Buch geschrieben steht." (Offb 22,18-19)

Das ist ein Mahnruf, den man nicht ohne Furcht und Zittern lesen kann. Die Warnung des heiligen Johannes gilt nicht nur achtlosen Schriftstellern und Verlegern. Sie gilt uns allen, die wir den Geist Jesu verstehen und ihm mit ganzem Herzen in Zeiten der Bedrängnis nachfolgen wollen. Sie gilt mit besonderer Dringlichkeit für die Verkünder von Privatoffenbarungen, die das Buch der Offenbarung und andere heilige Schriften benutzen, um ihren persönlichen Interpretationen und Theorien Gewicht zu verleihen, manchmal getrieben von einer blühenden Fantasie, manchmal "inspiriert" von ungeprüften Geistern – im Kontext unserer heutigen Kultur, wo eine Masse von Schriften, Büchern und Filmen alle möglichen widersprüchlichen, apokalyptischen Szenarien darbieten und so zur wachsenden Verwirrung von Gläubigen und Ungläubigen beitragen.

Frage: Besteht nicht die Gefahr, dass durch die Thematisierung von apokalyptischen Themen Angst und Pessimismus geschürt werden? Die Enzykliken von Johannes Paul II. fordern nachdrücklich zur Neuevangelisierung auf, woraus man schließen kann, dass er in der nahen Zukunft keine Apokalypse erwartet hat.

O'Brien: Ich stimme zu, dass ein Hauptthema der Enzykliken von Johannes Paul II. die Evangelisierung ist. Er lehrte uns, dass Christen aller Zeiten dem Ruf zur Evangelisierung der Welt folgen müssen bis zur Wiederkunft unseres Herrn in Herrlichkeit. Gleichzeitig möchte ich auf den apokalyptischen Faden hinweisen, der sich durch zahlreiche seiner Lehrschreiben zieht, ein Thema, das er bereits in seiner Ansprache von 1976 in den Vereinigten Staaten aufgegriffen hat.

Die alternativen Haltungen „Wir haben viel Zeit, denken wir also nicht an das Ende!" oder „Die Apokalypse ist schon da, das Schlimmste passiert schon, ziehen wir uns also zurück!" schließen sich für einen Nachfolger Christi beide aus. Genau diese Haltungen möchte ich vermeiden.

Die echte katholische Vision der Entfaltung der Geschichte darf nie auf solch ein eindimensionales Szenario reduziert werden: weder auf einen säkularen Messianismus in religiösem Jargon noch übereifrige Buchstabengläubigkeit, die sich dem Ruf verweigert, das Evangelium bis an die Enden der Erde zu verkünden – bis zum letzten Atemzug. Aber wir wissen aus der Heiligen Schrift und aus dem Katechismus, dass es einen Punkt in der Geschichte geben wird, an dem für kurze Zeit all unser Bemühen durch eine vollständige Entfesselung des Bösen für eine kurze Zeitspanne ins Leere laufen wird – während der Herrschaft des Antichrist und auch ganz am Ende, unmittelbar vor der endgültigen Wiederkunft Christi. Aus diesem Grund brauchen wir einen multidimensionalen Ansatz: Wir arbeiten, so lange wir Licht haben, gemäß der Aufforderung unseres Herrn, bleiben uns dabei aber bewusst, dass die Welt letztlich nur durch göttliche Intervention zum Gehorsam unter die Autorität Gottes zurückgeführt werden kann. Es ist deswegen keineswegs widersprüchlich, wenn uns ein Papst zur hoffnungsvollen Evangelisation auffordert und uns gleich-

zeitig mahnt, wach zu bleiben und die „Zeichen der Zeit"
zu erkennen.

Das haben die Päpste des zwanzigsten Jahrhunderts sehr
wirksam getan. Joseph Ratzinger hat sich als Kardinal und
später als Papst Benedikt XVI. häufig auf Passagen aus der
Offenbarung bezogen und sie mit dem Zustand der heutigen Welt verglichen. Die Päpste präsentieren uns nicht ein
Entweder-Oder-Szenario, als stünde der Ruf zur Evangelisierung im Widerspruch zur Eschatologie, der Lehre über
die Endzeit. Sie bieten uns beide Blickwinkel an. Deswegen
sollte sich jede Generation eine Integration beider visionä-
rer Strömungen angelegen sein lassen, man könnte auch
von einem einzigen Blick durch zwei Augen sprechen. Nur
so gewinnen wir Tiefenschärfe.

Die Hauptschwäche unter den Gläubigen heute besteht in
einer weit verbreiteten Apathie; verglichen mit ihnen sind
jene, die sich einem angsterfüllten, apokalyptischen Szenario hingeben, eine sehr kleine Minderheit. Unser Auftrag
ist es, mit christlicher Hoffnung nach vorne zu schauen, so
wie es unsere heiligen Väter getan haben, um mit weit offenen Augen den besonderen Charakter unserer Zeit wahrzunehmen. Ich glaube, dass uns die Enzyklika von Johannes Paul II. von 1980 über die Barmherzigkeit Gottes mit
dem Titel *Dives et Misericordia* zum richtigen Verständnis über den Zustand der heutigen Welt verhilft, insbesondere über das Verhältnis von Barmherzigkeit und Gerechtigkeit. Ich glaube nicht, dass er darin einen Widerspruch
zu *Redemptoris Missio* gesehen hätte. Die Fastenexerzitien,
die er für den Päpstlichen Haushalt von Paul VI. hielt, die

unter dem Titel *Zeichen des Widerspruchs*[13] als Buch veröffentlicht wurden, sind eine sehr empfehlenswerte Lektüre zu diesem Thema.

Frage: Ich frage mich, ob wir nicht Gefahr laufen, uns in all den verschiedenen spirituellen Praktiken zu verlieren. Entscheidend ist doch, ob unsere Orientierung auf Gott gerichtet ist oder auf eine Art spirituelle Genusssucht. Haben wir das genügend im Blick, haben wir genügend darüber gehört? Ist nicht die grundlegende Sünde, dass wir unser eigenes Selbst an die Stelle Gottes setzen?

O'Brien: Ich stimme zu, das Grundproblem liegt in der Entscheidung. Machen wir eine grundsätzliche Entscheidung für Gott oder für unser eigenes Selbst? Auch wenn es die verschiedensten Ebenen der Entscheidung in unserem Leben gibt und die verschiedensten Formen, wie sich diese Grundentscheidung ausdrückt, so müssen wir es doch nicht kompliziert machen. Vielleicht sprechen Sie auch die Frage an, wie wir beten sollen, wie wir unser religiöses Leben, unsere Gottesverehrung gestalten sollen. Die verschiedenen Gebetsarten sind in meinen Augen unterschiedliche Sprachen der Liebe zwischen dem Menschen und seinem Schöpfer. Ob einer marianisch oder charismatisch orientiert ist oder beides oder auf eine der vielen anderen Arten betet, so geht es doch immer um den Fluss der Liebe, wenn das Herz wirklich zur Heiligen Dreifaltigkeit spricht

---

[13] Karol Wojtyła, *Zeichen des Widerspruchs*, Benzinger/Herder, Zürich/Freibunr i. Br. 1979

und hinhört. Ich persönlich bete täglich den Barmherzigkeitsrosenkranz. Gemeinsam beten wir in der Familie täglich den Rosenkranz. Ich glaube fest an die besondere Rolle der Gottesmutter in unserer Zeit. Als die Mutter der Kirche, als die Frau des zwölften Kapitels der Offenbarung, als die Neue Eva hat sie eine ganz besondere Rolle beim Sieg über den Feind, bei der Durchkreuzung seiner Bosheit und Täuschungsmanöver. Am Ende wird sie seinen Kopf zertreten. Wir leben in Zeiten großer Verwirrung. Der Geist der Menschen verdunkelt sich; sie sind sich nicht mehr sicher, was real und was irreal ist, was wahr und was unwahr ist. Deswegen ist es für uns alle dringend notwendig, zu den Fundamenten zurückzukehren: den Lehren der Kirche, den heiligen Schriften, den Lebensbeschreibungen der Heiligen und zu einem einfachen und klaren Lebensstil. Wenn unser spirituelles Leben – wenn unser *Leben* – darauf gebaut ist, dann haben wir mehr als genug Licht.

Frage: Können Sie etwas über die polnische Solidarnosc-Bewegung sagen und über den Heiligen Vater Johannes Paul II., der mit der Hilfe der Muttergottes das Tier des sowjetischen Kommunismus besiegen konnte, welches das Leben von mehr als vierzig Millionen Menschen verschlungen hat?

O'Brien: Die Antwort würde ein ganzes Buch füllen, aber lassen Sie mich in Kürze sagen, dass die Kraft des Gebets, verbunden mit der Weihe an die Muttergottes und einem Leben, das zu moralischem Mut bereit ist, jedem Feind widerstehen und ihn überwinden kann. Der Fall des sowjetischen Reiches, der Mauer in Berlin, wie auch zuvor der Fall des korrupten Marcos-Regimes auf den Philippinen waren keine Revolutionen, die ihr Ziel durch Blutvergießen erreichten. Es waren Revolutionen des Gebets, „marianische Revolutionen", wenn man so sagen darf. Sie erreichten das Unmögliche gegen überwältigende Widerstände, ohne einen einzigen Schuss oder eine einzige Rakete abzufeuern. Das ist für uns alle ein ermutigendes Zeichen.

Frage: Ist Abtreibung auf der Agenda des Antichrist?

O'Brien: Ja, davon bin ich überzeugt. Der Satan ist ein Lügner und Mörder von Anfang an, so sagt uns die Schrift. Bei der Abtreibung sind immer Falschheit und Mord im Spiel. Die Lüge sagt, dass das Kind im Bauch der Frau kein Mensch ist oder wenn es ein Mensch ist, dass es kein absolutes Lebensrecht hat. Diese Lüge ist der Versuch, den Mord zu rechtfertigen – ein Begriff, den sowohl die Kirche wie die Gesetzgebung als ungerechte Lebensberaubung definiert. Viele Nationen der westlichen Welt haben Abtreibung als ein Recht legalisiert – das Recht auf Mord – und in Ländern wie Kanada werden die Bürger gezwungen, mit ihren Steuergeldern für diesen Mord zu bezahlen. In so vielen Bereichen nennt der Mensch heute das Böse gut und das Gute böse. Das ist ein charakteristisches Merkmal unserer Zeit.

Frage: Wenn die Familie eines vergewaltigten Mädchens ihm bei der Entscheidung zu helfen versucht, ob es eine Abtreibung machen soll oder nicht, was würden Sie raten? Besteht die richtige Entscheidung darin, das Kind zu behalten und all die schweren Konsequenzen sozialer, emotionaler und finanzieller Art in Kauf zu nehmen – wäre das eine Entscheidung für Gott?

O'Brien: Sich für das Leben zu entscheiden, heißt, dem Weg zu folgen, den Gott befiehlt. Er sagt: „Leben und Tod lege ich dir vor, Segen und Fluch. Wähle also das Leben, damit du lebst, du und deine Nachkommen" (Dtn 30,19). Ja, die Schwangerschaft und die Geburt dieses Kindes können große Schwierigkeiten mit sich bringen. Aber wenn der Herr uns eines über die Rolle des Kreuzes in unserem Leben und die Verbindung unserer eigenen Leiden mit seinem Leiden mit Sicherheit zeigt, dann ist es dies: Selbst die schlimmsten Leidenssituationen, welche die Folge unserer eigenen Sünden sein können oder die Folge von fremder Schuld, die aber auch ohne persönliche Schuld in unser Leben einbrechen, können in Fruchtbarkeit verwandelt werden. Sie können sogar etwas außerordentlich Gutes hervorbringen, wenn wir uns genügend Zeit lassen, wenn wir nicht verzweifeln und nicht nach schnellen Lösungen greifen. Die christliche Gemeinde sollte sich um Frauen scharen, die auf diese Weise leiden und mit der Entscheidung konfrontiert sind, ob sie das Leben des Kindes zerstören oder ob sie Leben schenken wollen. Ein Kind zu töten, weil seine Zeugung durch die böse Tat der Vergewaltigung geschehen ist, häuft ein weiteres Übel auf ein bestehendes Übel. Dieses Kind hat nichts Böses getan. Das Kind im Leib der Mutter hat eine ewige Seele.

Vor einigen Jahren kam nach einem meiner Vorträge eine sympathische, junge Frau von Anfang zwanzig auf mich zu und erzählte mir ein wenig von ihrem Leben. Sie studierte an der Universität, war intelligent, nachdenklich und eine gläubige Katholikin. Sie erzählte mir, dass sie das Kind einer Vergewaltigung sei, die ihre Mutter als Teenager erlitten habe. Sie erzählte mir weiter, dass sie und ihre Mutter einander sehr lieben und eine tiefe Beziehung haben. Mit der Zeit sei der Schmerz über ihre Entstehung geheilt. Ihre Mutter heiratete einen guten Mann und sie haben eine große, glückliche Familie. Sie hat sich für das Leben entschieden und mit der Zeit entstand daraus große Fruchtbarkeit, das Leben konnte weiter Leben hervorbringen. Die junge Frau sagte mit einem strahlenden Gesicht voller Liebe, wie dankbar sie für ihr Leben sei und für die Entscheidung ihrer Mutter.

Frage: Haben Sie einen Vorschlag, was wir tun können, um die Kirche zu stärken?

O'Brien: Die universale Kirche ruft uns dazu auf, uns erneut im Glauben auf die Eucharistie auszurichten. Dazu gehört die Praxis der eucharistischen Anbetung. Johannes Paul II. drängte darauf, dass in jeder Gemeinde dieser Welt eine Kapelle zur Anbetung und zum Gebet zur Verfügung stehen solle. Er empfahl uns auch die Verehrung und die Weihe an das Unbefleckte Herz Mariens. Aus diesen geistlichen Wurzeln wird die Lösung unserer unübersehbaren Probleme erwachsen. Sie kennen vielleicht den berühmten Traum von Don Bosco über die Bedrängnisse und Prüfungen, welche die Kirche im zukünftigen zwanzigsten Jahrhundert durchzumachen habe. In seinem Traum sah er die Welt in Aufruhr und die Kirche Angriffen ausgesetzt wie nie zuvor. Die Kirche zeigte sich ihm als ein Schiff auf stürmischer See, auf das von feindlichen Booten geschossen wurde. Aber der Papst steuerte das Schiff zwischen zwei Säulen hindurch, die mitten im stürmischen Meer standen. Auf der einen Säule war die heilige Eucharistie und auf der anderen die Muttergottes. Der Papst band das Schiff an diesen beiden Säulen fest, worauf der Sturm und die Attacken aufhörten. Die Säulen der Sicherheit für unsere Seelen, für die Kirche unseres eigenen Landes, für die universale katholische Kirche ist die Einheit mit Christus durch seinen heiligen Leib und sein Blut in der Eucharistie und die Verehrung Mariens, der Mutter Gottes, der Mutter der Kirche, der Neuen Eva, die mit Christus dazu beiträgt, die Sünde von Adam und Eva wiedergutzumachen.

Frage: Können Sie etwas zum Verfall der Demokratien des Westens sagen, insbesondere über den Abfall von den moralischen Prinzipien, auf welche diese einst christlichen Gesellschaften gegründet waren? Hat der geschwächte Zustand der Kirchen dazu beigetragen?

O'Brien: Seit Jahren beobachten wir mit Schrecken, dass unsere Nationen sich in einer Abwärtsspirale befinden wie leider auch unsere Kirche im Westen. Ich muss bekennen, dass ich sehr viel Energie mit Enttäuschung und Ärger darüber verschwendet habe. Mit dem älter (und älter und älter) werden, habe ich gelernt, dass diese Reaktion unproduktiv ist, ja mehr noch, dass sie kontraproduktiv ist. Zwar müssen wir der Kultur des Todes Widerstand leisten, wo immer wir können, und zwar mit gelassener Besonnenheit und einem festen Herzen. Gleichzeitig müssen wir verstehen, dass unsere erste Aufgabe darin besteht, eine Zivilisation der Liebe aufzubauen, jeder von uns auf seine Weise, je nach seinem Lebensstand und seiner Berufung in der Kirche. Jeder kann dazu beitragen, die Zivilisation der Liebe zu bauen, und das beginnt da, wo Zivilisationen immer anfangen: in unserer eigenen Seele und unserer eigenen Familie. Nichts kann uns davon abhalten, im sterbenden Körper dieser Gesellschaft eine Zelle der Gesundheit zu schaffen. Wir sind dazu befähigt, weil wir zu einem anderen Leib gehören, einem lebendigen und ewigen Leib. Wenn genügend Menschen das tun, dann können wir die Welt verändern, und das geht nur von Person zu Person.

Die größten Fehler auf politischem und kirchlichem Gebiet bestehen in dem Versuch westlicher Nationen, das Gute in der sozialen Ordnung durch eine Art säkularen Messianismus erreichen zu wollen, eine Haltung die der Katechismus ausdrücklich verurteilt. Selbst wenn wir Christen dies unabsichtlich täten, würden wir zu einer sozialen Revolution beitragen, die letztlich zu nichts führt. Wir müssen vielmehr zu einem hierarchischen Verständnis der Schöpfung zurückkehren und verstehen, wie die Autorität Gottes tatsächlich die Welt durchwirkt. Gott ist Person und wir sind Personen, die zu seinem Leib gehören, den er für uns geschaffen hat. Wir leben in einem personalistischen Universum, das Gott verantwortlich ist, und aus diesem Grund müssen wir ein für alle Mal von unserer Betörung durch kollektivistische oder individualistische Projekte Abstand nehmen.

Frage: Wollen Sie damit sagen, wir sollten uns nicht um soziale Gerechtigkeit kümmern?

O'Brien: Nein, keineswegs. Ich glaube jedoch, dass wir besser als bisher unterscheiden müssen, wie wir in der Welt die Gerechtigkeit fördern. Zu oft werden unsere guten Absichten bei unserer apostolischen Arbeit von anderen auf eine Weise benutzt, die mit dem Evangelium unvereinbar ist. Unser guter Wille und unsere Naivität werden bisweilen von den Agenten des säkularen Messianismus manipuliert und ausgenutzt.

Ein Beispiel dafür ist die Verstrickung der kanadischen katholischen Bischofskonferenz in das Projekt Development and Peace (D & P). Ich will näher darauf eingehen, weil solche Fälle der versteckten Beteiligung katholischer Organisationen an der Förderung der Kultur des Todes leider weit verbreitet sind.

Es ist durch umfassende Belege bewiesen, dass D & P Organisationen finanziell unterstützt hat, zu deren Agenda die Durchsetzung von Abtreibungsrechten in verschiedenen Nationen Lateinamerikas, Afrikas und Asiens gehört. So haben in Ost-Timor die katholischen Bischöfe des Landes mit großem Einsatz gegen die Liberalisierung des Abtreibungsrechts gekämpft, und zwar gegen zwei feministische Pro-Abtreibungs-Organisationen, die von der Bischofskonferenz Kanadas finanziert wurden. Die Bischofskonferenz von Peru schrieb einen Brief, in dem sie die Bischöfe von Kanada aufforderte, die finanzielle Unterstützung von Abtreibungsorganisationen in ihrem Land einzustellen. Die Vertreter der kanadischen Bischofskonferenz und D & P waren nicht in der Lage, das Problem zu verstehen; sie konnten nicht sehen, dass das Geld, welches „den Armen helfen" sollte, dazu benutzt wurde, einige dieser Armen zu vernichten. Das ist eine symptomatische Spaltung des Bewusstseins, die zu einer Verblendung des Gewissens führt, was wiederum die Folge davon ist, dass das Evangelium auf eine Dimension reduziert wird.

Diese Bewusstseinsspaltung erlaubte den Sprechern der kanadischen Bischofskonferenz und D & P, sich dadurch zu entlasten, dass sie eine hausinterne „Untersuchung" durchführten mit dem Ergebnis, dass die überwältigenden Beweise einfach geleugnet wurden. Aber trotz dieser „Ergebnisse" blieben die objektiven Tatsachen bestehen: Das Geld der wohlmeinenden Katholiken in Kanada wurde dazu benutzt, die Kultur des Todes auszubreiten. Die Over-Kill-Reaktion der Bischofskonferenz gegen Nachrichtendienste, die über den Skandal berichteten, ist die klassische Methode, durch mediale Manipulation und verbale Nebelkerzen den Schaden begrenzen zu wollen. Es muss wiederholt werden, dass die Tatsachen nicht geleugnet werden und von jedem öffentlich nachgeprüft werden können. Um dem Ganzen die Krone aufzusetzen, haben einige katholische Zeitschriften auch noch die von Papst Benedikt XVI. im Jahr 2009 veröffentlichte Enzyklika *Caritatis in Veritate* herangezogen, um die Politik von D & P zu rechtfertigen; dabei scheuten sie nicht davor zurück, Zitate aus dem Zusammenhang zu reißen und die wiederholte, unmissverständliche Betonung des Lebensrechts durch den Heiligen Vater zu ignorieren. So sagt er in dieser Enzyklika:

Wenn das Recht auf Leben und auf einen natürlichen Tod nicht respektiert wird, wenn Empfängnis, Schwangerschaft und Geburt des Menschen auf künstlichem Weg erfolgen, wenn Embryonen für die Forschung geopfert werden, verschwindet schließlich der Begriff Humanökologie und mit ihm der Begriff der Umweltökologie aus dem allgemeinen Bewusstsein... Man kann nicht die einen Pflichten fordern und die anderen unterdrücken. Das ist ein schwerwiegender Widerspruch der heutigen Mentalität und Praxis, der den Menschen demütigt, die Umwelt erschüttert und die Gesellschaft beschädigt" (*Caritas in Veritate*. 51).

In einem Interview mit Vittorio Messori aus dem Jahr 1984, das als *Ratzinger-Report* bekannt wurde, sprach der Kardinal, der damals Präfekt der Glaubenskongregation war, über die möglichen Gefahren einer Aufwertung der nationalen Bischofskonferenzen. Er warnte davor, dass sie durch ihre „demokratischen" Prozesse anfällig werden könnten für Manipulationen durch einzelne Fraktionen, die eine irrige Theologie und falsche soziopolitische und ekklesiologische Ziele verfolgen würden.

Genau das ist in einigen Nationen geschehen, wofür Kanada und Deutschland offenkundige Beispiele sind. Wenn eine nationale Bischofskonferenz zu einer Art „alternativem Lehramt" wird, dann wird sie Lippenbekenntnisse gegenüber dem Papstamt machen, im Alltag aber nach Belieben schalten und walten, obwohl sie nach kanonischem Recht als Körperschaft keine Autorität über den Glauben von Katholiken hat. Die Ekklesiologie bestimmt, dass der einzelne Bischof seine Amtsautorität aus der vollen Einheit mit „Petrus" bezieht, nämlich aus der Einheit mit dem Lehramt und der ungebrochenen Tradition, mit dem Geist der Kirche, mit dem Geist Christi.

Kommen wir noch einmal auf die Verpflichtung der Kirche zur Caritas zurück. Papst Benedikt sagt: „Ohne Wahrheit gleitet die Liebe in Sentimentalität ab. Sie wird ein leeres Gehäuse, das man nach Belieben füllen kann" (*Caritas in Veritate*. 3). Er betont weiterhin, dass es keine partielle Auswahl von Menschenrechten geben darf. „Das Recht auf Ernährung sowie das auf Wasser spielen eine wichtige Rolle für die Erlangung anderer Rechte, angefangen vor allem mit dem Grundrecht auf Leben" (*Caritas in Veritate*. 27).

Ein authentischer Nachfolger Christi integriert die immanenten und transzendenten Aspekte einer Wiederherstellung der Welt in Christus. Im Westen haben wir fast durchgängig das Transzendente mit seinen absoluten moralischen Anforderungen vernachlässigt und haben der falschen Auffassung Raum gegeben, dass der Dienst an den Armen und der Einsatz für Gerechtigkeit bereits das Evangelium sei. Selbstverständlich muss die Kirche sich mit Opferbereitschaft den Armen zuwenden und sich für Gerechtigkeit einsetzen, aber das darf nicht auf Kosten der Wahrheit geschehen. Solch ein Dienst an den Armen ist ein wesentlicher Teil der Neuevangelisation, aber kann nicht alles sein.

Christus ruft uns dazu auf, Menschen der Liebe *und* der Wahrheit zu sein. So zu leben, erfordert viel Mut sowohl in unserem Privatleben wie in unserem Engagement im öffentlichen Leben. Es ist in unserer Zeit dringend notwendig, dass prinzipientreue und mutige Menschen sich in allen Bereichen des öffentlichen Lebens einsetzen. Ebenso notwendig ist es, dass die christlichen Wähler Männer und Frauen in die Regierung wählen, die keine passiven Marionetten der „Diktatur des Relativismus" sind.

Frage: Aber wie schafft es ein Politiker, im Amt zu bleiben, um Gutes zu bewirken? Muss er nicht bei einigen Fragen Kompromisse machen, um wenigstens einige gute Ziele zu erreichen? Ist das nicht besser, als gar keine Macht zu haben?

O'Brien: Ist es wirklich besser? Das scheint in unserer Zeit die allgemeine Auffassung zu sein, und sie ist durch „praktizierende Katholiken" in den Regierungen gewissermaßen institutionalisiert worden. Ich sehe das anders: Wenn wir uns von dem verführerischen Argument des „kleineren Übels" leiten lassen, dann mögen wir zwar kurzfristig gewisse Übel eindämmen, uns dabei aber heimtückische, langfristige Übel einhandeln, die dann überhand nehmen.

Wenn absolute moralische Werte an der Basis der Gesellschaft ausgehöhlt werden, was soll dann die Erosion bis hin zur Zerstörung von allem und jedem aufhalten können, was die Volksmeinung gerade für eine überflüssige Last hält – und das in einer Zeit, in der das Volk immer mehr zum Objekt von Medienmanipulation und säkularer Propaganda wird? Diese Dynamik kann ausschließlich dadurch durchbrochen werden, dass moralische Prinzipien mit moralischem Mut gelebt werden. Jeder von uns muss sich fragen: „Bin ich bereit, alles zu verlieren, um die Grundwahrheiten zu verteidigen, die uns die Kirche gegeben hat?"

welche Parteien wählen

Wie war es möglich, dass wir so viele Schlachten für die Wahrheit verloren haben? Wir haben sie deswegen verloren, weil Politiker mit grundsätzlich gutem Willen sich dem Argument des „kleineren Übels" gebeugt haben. Sie haben sich selbst für gut gehalten und meinten deswegen, dass sie ihren Parlamentssitz oder ihren Einfluss in ihrem Bereich nicht verlieren dürften. Sie waren überzeugt, dass der Kompromiss die einzige Möglichkeit war, um wenigstens ein bisschen Gutes zu bewahren. Sie haben sich viel zu sehr auf Strategien verlassen und viel zu wenig auf Gnade. Sie waren nicht willens zu einem „Zeichen des Widerspruchs" zu werden, wie das der Prophet sagt. Sie konnten es nicht ertragen, zu Zeichen zu werden, die abgelehnt würden. Sie sagten sich, sie seien Realisten, während jene, die an Prinzipien festhielten, Idealisten seien, die nur scheitern könnten.

Und so ging es weiter und weiter, von oben bis unten in der Gesellschaft, Erosion, Erosion, Erosion!

Die Zerstörung der moralischen Basis des Westens konnte immer weiter voranschreiten, ohne dass es nennenswerten Widerstand von solchen Politikern gegeben hätte. Sie haben das Argument des kleineren Übels benutzt, um sich von Schuld freizusprechen, wenn sie für unmoralische Gesetze stimmten – der Kompromiss würde Schlimmeres verhüten, so meinten sie. Das aber ist der entscheidende Hebel, mit dem die soziale und sexuelle Revolution von Sieg zu Sieg fortschreiten konnte: Das Gewissen wurde mit einem scheinbar „moralischen" Argument ruhig gestellt. Diese Politiker haben nicht verstanden, wann das Argument des „kleineren Übels" berechtigt ist und waren unfähig zu mutigem Widerstand.

Die Lehre der Kirche über die Kriterien für den rechten Gebrauch des Begriffs vom kleineren Übel ist strikt und enthält Warnungen über den falschen Gebrauch. Sie lehrt, dass alle Katholiken die Pflicht haben zu wählen, aber es kann die Situation eintreten, dass nur Kandidaten zur Wahl für ein öffentliches Amt stehen, die etwas in sich Böses vertreten. In einem solchen Fall ist es dem Katholiken erlaubt, den Kandidaten zu wählen, der das kleinere Übel vertritt. Es ist manchmal erlaubt, ein moralisches Übel zu *tolerieren*, wenn es eindeutig das kleinere Übel ist und weil man dadurch ein größeres Übel vermeidet oder ein größeres Gut fördert. Es ist jedoch niemals erlaubt, Böses zu tun, damit etwas Gutes daraus entsteht.

Ich spreche hier über die *Gesetzgeber*. Wenn ein Katholik im Amt ist, dann ist er moralisch verpflichtet, das Gute zu verteidigen und dem Bösen zu widerstehen, koste es, was es wolle. Er darf niemals ein Gesetz unterstützen, das in sich schlecht ist, auch dann nicht, wenn es das kleinere Übel zu sein scheint, denn das würde bedeuten, dass er *aktiv Böses tut*.[14]

Es könnte jemand behaupten, dass selbst ein falscher Gebrauch des Kleineren-Übel-Arguments gelegentlich die Ausbreitung des Schlechten eindämmen würde. Aber das ist ein oberflächliches Argument, denn die scheinbaren „Siege" sind kurzlebig und vorübergehend. Einen Mantel der Pseudo-Moralität über ein Übel zu breiten, trägt darü-

---

[14] Vgl. KKK 1749-1761. Paul VI., Enzyklika *Humanae Vitae*. 14. Ausführliche Erörterung des Problems in: Johannes Paul II., Enzyklika *Evangelium Vitae*. 73-74

ber hinaus dazu bei, dass der Kompromiss das Fortschreiten immer größerer Übel unterstützt.

Ebenso wenig gibt es eine Garantie dafür, dass die Weigerung, mit dem Bösen zu kooperieren, unbedingt zur Wiederherstellung der rechten Ordnung in der Gesellschaft führen würde. Dennoch muss das Fundament verteidigt werden, die langfristige Sichtweise, an der wir unsere Entscheidungen und Handlungen ausrichten sollen, denn unsere Entscheidung für die Wahrheit wird, unabhängig von „Erfolg" oder „Misserfolg", nicht nur unsere eigene Seele retten, sondern tiefgreifende Wirkungen auf die nachfolgenden Generationen haben.

Und was ist die Folge der Theorie vom kleineren Übel, der die westliche Welt seit fast einem halben Jahrhundert anhängt? Eine zerstörte Gesellschaft, die Auflösung der Familie, wie es sie nie zuvor in der Geschichte gegeben hat, eine gespaltene und kompromittierte Kirche, ein Abfall vom Glauben, der in der gesamtes Kirchengeschichte beispiellos ist, die massenhafte Zerstörung menschlichen Lebens – mehr als vierzig Millionen ermordete Kinder jährlich auf der ganzen Welt.

Inzwischen sind auch die älteren Menschen und die Behinderten in Gefahr. Ich möchte noch einmal auf den Fall in meinem familiären Umfeld zu sprechen kommen, den ich schon erwähnte. Eines meiner Familienmitglieder mit Alzheimer ist nur knapp der Tötung in einem katholischen Krankenhaus entronnen. Dieser versuchte institutionalisierte Mord wurde nur durch einen Eingriff der göttlichen Vorsehung im letzten Moment verhindert. Die Nonnen, die dieses Krankenhaus leiteten, waren überzeugt, dass es moralisch annehmbar sei, einer gesunden Frau Wasser und Nahrung vollständig zu entziehen und auf diese Weise ihr Leben absichtlich zu beenden (sehr ähnlich der Situation von Terri Schiavo). Die beratende Theologin in bioethischen Fragen, Absolventin der Päpstlichen St. Paul-Universität, hatte ihnen versichert, dass es nicht falsch wäre, dies zu tun. Man hatte sie einfach nie über die Richtlinien des Vatikans in dieser Frage unterrichtet oder sie hatten sie ignoriert.

Wie verbreitet ist diese Ignoranz und wie sehr wird sie durch sophistische Theologie und schlechte Ekklesiologie gefördert und gerechtfertigt! Korrumpierte Moraltheologie kann sich ausbreiten und riesigen Schaden im Leben der Menschen anrichten, wenn eine nationale Bischofskonferenz, die unter dem Einfluss derartiger Theologie steht, sich mehr Autorität anmaßt als ihr rechtmäßig zusteht. In vielen westlichen Nationen haben sich Bischofskonferenzen für ein demokratisches Modell der Kirche anstelle des hierarchischen entschieden, so dass politisch-ideologische Manipulation möglich wurde. Je nach den Mehrheitsentscheidungen und der Benennung von Bischöfen für spezielle Arbeitsgruppen kann Irriges im Namen der universalen Kirche gelehrt werden. Darüber hinaus sind schon manche Bischofskonferenzen aufgrund der internen Konflikte über moralische Fragen in einen Zustand der Lähmung geraten. Um ihr Image der „Kollegialität" zu wahren, stellen sie die „Einheit" über die Wahrheit. Aus Angst, jemanden zu verletzen und sich medialen Kampagnen auszusetzen, unterlassen es einzelne Bischöfe und Bischofskonferenzen, gegen häretische Lehren und Aktivitäten katholischer Institutionen vorzugehen. Das hat reale Konsequenzen für das Leben von Menschen. Langfristig beschleunigen korrupte Theologie und falsche Ekklesiologie das Wachstum der Kultur des Todes.

Jene Meisterin der Theologie, die den Angehörigen nahelegte, ihre Mutter umzubringen, war eine nette Frau. Sie hatte hervorragende Kommunikationsfähigkeiten. Sie wusste, wie man mit verstörten und verwirrten Familienmitgliedern umgeht. Sie war eine Verkörperung dessen, was die Philosophin Hannah Arendt „die Banalität des Bösen" nannte.[15] Die Treffen mit den anderen Krankenhaus-Angestellten, die notwendig waren, um das Leben der dem Tode nahen Person zu retten, kann man nur als ein Waten im Sumpf von mentalem und spirituellem Morast bezeichnen, wobei es nötig war, sich vom Charme, der weichen Stimme, den Zeugnissen an der Wand und den verschwommenen, angeblich unanfechtbaren Argumenten dieser Theologin nicht verblenden zu lassen. Natürlich hatte sie nicht die geringste Autorität, die Rechte Gottes und die Lehre der Kirche zu untergraben, aber beinahe jeder sprach ihr diese Autorität zu.

Das sogenannte alternative Lehramt der Theologen ist ein Teil der Krankheit, die eine falsche Ekklesiologie hervorbringt. Die Theologen, auch die irrenden Theologen, erfreuen sich einer *de-facto*-Autorität; sie machen Lippenbekenntnisse gegenüber der Lehrautorität der universalen

---

[15] Hannah Arendt, *Eichmann in Jerusalem: Ein Bericht von der Banalität des Bösen*, Piper, München 1986. Dieses Buch beruht auf einer Artikelserie im *The New Yorker*, in der Hannah Arendt vom Gerichtsprozess gegen den Architekten des Holocaust, Adolf Eichmann, berichtete.

Kirche, halten sich aber nicht daran. Ihre Relativierungen haben eine unübersehbare Zahl von Menschenleben zerstört.

Das dürfen wir nicht vergessen, wenn wir die Frage der Apokalypse behandeln. Die Welt der Apokalypse ist keine Abstraktion, sondern wird von wirklichen Menschen bewohnt. Was der Herr zur Gemeinde von Sardes sagt: „Werde wach und stärke, was noch übrig ist, was schon im Sterben lag", das gilt auch uns.

Mit dem Pontifikat von Johannes Paul II. und Benedikt XVI. schien ein neuer Frühling der Hoffnung anzubrechen.[16] Als ich jung war, sind mir nie junge Gläubige begegnet, die echte Jünger Jesu waren. Heute treffe ich sie überall. Sie sind unsere Hoffnung. Sie sind unsere Zukunft. Sie sind die Kirche, die aus dem Grab springt und mit der Neuevangelisierung beginnt. Lassen wir also das Tod bringende liberale Experiment absterben und wenden wir unsere ganze Energie und unsere verfügbaren Mittel der Wiedergeburt des Glaubens in unserem Land zu.

Wir sollten damit beginnen, für Bischöfe und Priester zu beten und zu fasten. Sie stehen unter enormem Druck, sowohl geistlich wie sozial. Ein weiterer entscheidender Bereich ist das Familienleben. Die meisten gläubigen Familien müssen materiell ums Überleben kämpfen. Es scheint, als könnten nur die ein gutes Leben haben, die ihre Frucht-

---

16 Heute, im Jahr 2019, muss sich erst noch herausstellen, ob die Vision einer Neuevangelisation, wie sie von den beiden Päpsten angestrebt wurde, realisiert wird. Die schwere Verwirrung, die unter dem Pontifikat von Franziskus entstanden ist, sollte uns zu verstärktem Gebet für die Reinigung und Stärkung der Kirche anspornen, damit wir wirklich „Salz der Erde" und ein „Licht für die Heiden" sind.

barkeit ausschalten. Wenn du dein eigenes Fleisch verletzt, in dem du von einem Chirurgen die gottgegebene Zeugungskraft von Mann und Frau durchtrennen lässt oder dich mit Chemikalien zum selben Zweck vergiftest oder sonst irgendwelche Mittel benutzt, welche die Menschheit erfunden hat, um Gott zu sagen, dass er uns nicht richtig erschaffen hat und dass sein Entwurf nicht „realistisch" ist, dann hast du eine Chance, aus deinem Leben einen Erfolg zu machen. Seit einer Generation haben in der Kirche des Westens Theologen, Erzieher und auch Kleriker das Sagen, die behaupten, Verhütung und Sterilisierung seien nicht „in sich böse". Sie geben vielleicht zu, dass diese Methoden „nicht ideal" sind, aber sie vertreten den Standpunkt, dass eine Person, die dies tut, sich nicht schuldig macht, solange sie in Übereinstimmung mit ihrem „eigenen Gewissen" handelt. Diese falschen Lehren haben die Kirche in diesem Land beinahe zerstört und haben zum Niedergang der Nation wesentlich beigetragen. ⸱

In einem Wirtschaftssystem, das auf doppeltes Einkommen ohne Kind oder auf maximal zwei Kinder abgestellt ist, müssen junge katholische Ehepaare, die den Geboten Gottes und der Lehre der Kirche treu sind, mit größerem Leiden rechnen. Die meisten werden materiell nicht so erfolgreich sein wie jene, die sich dem Kleineren-Übel-Argument in all seinen Erscheinungsformen gebeugt haben. Wenn der Brotverdiener keinen Beruf mit hohem Einkommen hat und die Familie nicht mit einem reichen Onkel gesegnet ist, der bereit ist, ihre Treue zu unterstützen, dann wird sie schwere Prüfungen und Versuchungen durchmachen. Das Herz, die Seele, die Liebe für den Ehepartner und die Kinder können zu einem „Problem" werden. Über die Jahre habe ich darüber mit Hunderten von Familien gesprochen, die sich bemühen, Jesus treu zu sein, sich aber in der diabolischen Wirtschaft dieser sozialen Revolution gefangen fühlen.

Die Kirche hat sich auf einen endlosen Dialog mit dieser Revolution eingelassen, den sie in gemäßigten, feinabgestimmten Tonlagen führt, und verliert dabei von Jahr zu Jahr mehr an Boden. Wir haben mit unseren Gegnern so lange so nett geredet, dass wir dabei verlernt haben, mit Überzeugung klare Positionen zu vertreten. So haben die Katholiken in Kanada, und nicht nur dort, einen wirkungslosen Kult der Nettigkeit etabliert und haben so dazu beigetragen, ein riesiges und gar nicht so nettes Leichenhaus zu schaffen, das in hygienischen Institutionen verborgen wird. So weit konnte es kommen, weil diese Nettigkeit mit echter christlicher Wohltätigkeit verwechselt wurde.

Die jungen Leute, von denen ich gesprochen habe, die sich heute für den Glauben engagieren, sind die echten Helden und Heldinnen. Sie sind die Kirche, sie sind die Zukunft, und wir müssen ihnen gute Nahrung geben. Sie sind der Leib Christi, der in diesem geschichtlichen Todesstreifen wieder zum Leben kommt; wenn wir versäumen, sie gut auszurüsten, dann werden wir am Tag des Gerichts dafür Rechenschaft geben müssen. Jetzt haben wir die Wahl. Keine Entscheidung zu treffen, ist auch eine Entscheidung. Was aus unserer Kirche werden wird, hängt stark von dieser Entscheidung ab.

Wenn wir das Wesen des Problems nicht erfassen und unseren Anteil daran nicht aufrichtig bereuen, dann ist die

Kirche hier am Ende. In ihrer langen Geschichte ist die Kirche in vielen Gegenden der Welt ausgestorben. Denken Sie an Nordafrika, einst der Ruhm der Christenheit – ausgelöscht! Oder an den Mittleren Osten in unserer Zeit, wo in Syrien und im Irak nur noch zehn Prozent der Christen übrig sind im Vergleich zur Vorkriegszeit. Warum meinen wir, unser Herr habe ein so riesiges Interesse daran, eine Kultur wie die unsere zu erhalten und diese Zivilisation des Todes noch ein bisschen länger bestehen zu lassen? Vielleicht tut er es, weil es unter uns noch „zehn Gerechte" gibt. Und er wird es vielleicht tun, wenn es eine große Umkehr zu seinem heiligen Willen gibt. Aber das wissen wir nicht. Es ist nicht unsere Sache, hier ein Urteil zu fällen, sondern allein Gottes Entscheidung. Unsere Aufgabe ist es, treu zu bleiben.

III.

Zeichen des Widerspruchs und Neue Weltordnung

„Und Simeon segnete sie und sagte zu Maria, der Mutter Jesu: Dieser ist dazu bestimmt, dass durch ihn viele in Israel zu Fall kommen und viele aufgerichtet werden und er wird ein Zeichen sein, dem widersprochen wird. Dadurch sollen die Gedanken vieler Menschen offenbar werden. Dir selbst aber wird ein Schwert durch die Seele dringen" (Lk 2,34-35).

Als jemand, der mit älteren Übersetzungen der Bibel aufgewachsen ist, habe ich mein Leben lang den Begriff „Zeichen des Widerspruchs" gehört, der in neueren Übersetzungen wiedergegeben wird als „ein Zeichen, dem widersprochen wird". Unabhängig von der Übersetzung ist der Sinn dieses Verses klar: Jesus wird ein Zeichen sein, ein Stein des Anstoßes, man wird ihn ablehnen. Und auch Maria, die an seinem Erlösungswerk innigen Anteil hat, wird leiden müssen.

Als Kinder Jesu und Marias werden auch wir in unserer Lebensmission „Widerspruch" und Ablehnung erfahren. Jeder getaufte Christ, der treu bleibt, ist eine Anfechtung für das begrenzte rationalistische Denken, die Strategien und Aktionspläne unserer Zeit und durchkreuzt die boshaften Absichten des Satans. Und jeder Christ, der Jesus wirklich nachfolgt, wird zu leiden haben.

Ich habe oft über dieses Geheimnis in Hinsicht auf die christliche Kultur, insbesondere die Literatur, nachgedacht. Geschichtenerzählen ist eine menschliche Gabe, die sich in allen Kulturen findet, den primitivsten und den hochentwickelten. Es kann eine Jagdgeschichte sein, die von Steinzeitmenschen erzählt wird, während sie am Feuer sitzen und das Tier braten, das sie gejagt und getötet haben. Es kann ein Theaterstück sein, das in einem marmornen Amphitheater aufgeführt wird, während die Wellen des Ägäischen Meeres ans Ufer schlagen und der Chor und das Publikum die epischen Geschichten von Homer singen. Es kann ein Gedicht sein, das ein Kind in Japan auf ein Blatt geschrieben hat oder eine monumentale Erzählung, die in einem sibirischen Gulag verfasst wurde. Es kann ein Film sein, der wahr und schön ist. All diese verschiedenen Formen, in denen Geschichten erzählt werden, entstehen aus einem inneren Instinkt für das Naturgesetz, einem tiefen Empfinden, dass eine Geschichte erzählt werden muss und dass wir selbst Teil einer Großen Geschichte sind.

Wenn man das Geschichtenerzählen auf seine einfachste Struktur reduziert, dann geht es dabei immer um das Gleiche:

- Das Leben ist schön, geheimnisvoll und voller Gefahren.
- Der Mensch ist sich selbst ein Geheimnis, aber er kann bis zu einem gewissen Grad Selbsterkenntnis erlangen, wenn er die Bedeutung seiner persönlichen Erfahrungen reflektiert, Gefahren überwindet und nach der Wahrheit sucht.
- Die persönliche Geschichte eines Menschen ist gleichzeitig einzigartig und universal aufgrund der univer-

salen Natur des Menschen. Jede Seele tritt in diese Welt zu einer bestimmten Zeit, an einem bestimmten Ort und in einer bestimmten Kultur.

Die höchste Form der Literatur offenbart, dass die Geschichte des Einzelnen die Geschichte von jedem ist. Ein Beispiel dafür sind die Romane von Solschenizyn, dessen politische Aussagen in die Metaphern von Krebs und Hölle eingebettet sind. Ich denke an Alan Platons *Cry, The Beloved Country*, Khaled Hosseinis *The Kite Runner* oder Eugenio Cortis *The Red Horse*. Indem die Größe und die Schwäche eines Volkes in erfundenen Charakteren dargestellt werden, können solche Romane Identität in einer Weise darstellen, die tiefer geht und erhellender ist als historische Analyse; mehr noch, sie zeigen uns unser eigenes Gesicht und helfen uns, unser eigenes Lebensdrama in dem von anderen wiederzuerkennen. Dieser Mann, der zu Unrecht im Gefängnis ist, das bin ich selbst. Dieses Kind, das im Bauch der Mutter in Stücke geschnitten wird, das bin ich selbst. Diese Frau, deren Leben durch eine Bombe ausgelöscht wurde, die meine eigene Regierung abgeworfen hat, das bin ich selbst. All diese Formen der Reduzierung des Menschen auf Wegwerfobjekte, das bin ich, meine Mutter, mein Vater, meine Ehefrau, mein Kind.

Aus diesen und anderen Gründen sollte jeder Künstler, welche Kunst er auch ausüben mag, seine Motive immer schonungslos prüfen, Demut üben und der Wahrheit verpflichtet sein. Er darf sich niemals in den Dienst von politischen oder sozialrevolutionären Ideologien stellen, wie menschenfreundlich sie auch erscheinen oder wie sehr sie sich als das kleinere Übel präsentieren mögen. Der Künstler, der sich als Held oder Prophet oder Priester von soziopolitischen Kräften sieht, denen er sich verpflichtet hat, wird nur allzu leicht zu einer Marionette. Wenn er keinen außer ihm selbst liegenden Maßstab hat, an dem er die Realität messen kann – ob er sich nun vom Mainstream mitreißen lässt oder mit ihm in Konflikt liegt, ohne die Einheit mit ihm wirklich zu brechen –, dann hat er stillschweigend zugelassen, dass absolute moralische Werte keine Geltung mehr haben. So neutralisiert er sich moralisch und ersetzt sein wahres Selbst mit seiner öffentlichen Person; ohne dass es ihm bewusst wird, unterwirft er seine Gaben dem Dämon seiner Zeit. Er verliert seinen Platz in der Kontinuität der Zeit. Er kennt die authentische Geschichte seiner Vergangenheit nicht mehr, weiß nicht um seine Identität und kann deswegen nur schwer die richtigen Entscheidungen für die Zukunft treffen. Er wird von sozialer Anerkennung abhängig und von der Droge euphorischer Gefühle, der alle Revolutionäre verfallen sind. Er zerstört und meint, er würde etwas schaffen.

Es ist nicht üblich, das heute vorherrschende Ethos als politisch oder sozialrevolutionär einzustufen, denn es besteht die weitverbreitete Sicht, dass der Materialismus (dessen wichtigste Ikonen die Medien und die Unterhaltungsindustrie sind) nicht ideologisch, sondern als moralisch neutral einzustufen sei und deswegen außerhalb dieser Kategorien liege. Das ist ein Missverständnis der eigentlichen Natur des Materialismus. Indem wir darunter nur Konsumismus verstehen, vergessen wir, dass der Materialismus eine philosophische Theorie über die Beschaffenheit der

Wirklichkeit ist. Der Materialismus prägt unsere Wahrnehmung, die beeinflusst, wie wir Situationen einschätzen und auf sie reagieren. Deswegen ist der Materialismus durchaus politisch, auf eine gewisse perverse Weise sogar „religiös", denn er gaukelt der Menschheit eine falsche Vision vom Sinn und Zweck des Lebens vor. Obwohl dies eine traurige Illusion ist, für welche die Menschen mit Leid und Tod teuer bezahlen, wächst die materialistische Ideologie weiter und verschlingt große Teile der westlichen Welt. Dies sollte für uns ein Zeichen sein, dass in diesem historischen Prozess subtilere Kräfte am Werk sind.

Die Demokratie wird durch das selbe Laster ausgehöhlt, das die Oligarchie beherrscht. Aber weil die Demokratie die Anarchie in sich birgt, ist der Schaden viel größer und viel schlimmer und die Unterwerfung vollständiger... Die Wahrheit ist, ein Übermaß in einer Richtung ruft ein Übermaß in die Gegenrichtung hervor. – Platon, *Der Staat*, Buch VIII.

Platon spricht hier über Staaten, in denen ein Übermaß an Freiheit, losgelöst von Verantwortung, zu offener Anarchie geführt hat, die dann in die Tyrannei abgleitet. Aber wie steht es mit einer „Republik", in der *moralische* Anarchie in einer Matrix von Wohlstand, Ordnung und scheinbarer bürgerlicher Freiheit herrscht? Kann die Demokratie geistig aufgelöst werden, ohne dass innerhalb ihrer Grenzen ein Schuss fällt? In der Tat ist das möglich – es geschieht vor unseren Augen. Aber es gehört zur Psychologie der Wahrnehmung, dass der unerkannte Bewusstseinswandel vom moralischen Kosmos zum materialistischen Kosmos, der uns heute umgibt, dazu führt, dass wir die Situation für stabil halten. Wir geben zu, dass es Probleme gibt, sogar ernste Probleme, aber wir glauben im Grunde doch, dass es mit unserer Freiheit gut bestellt ist und dass alle Bedrohungen von außen kommen. Dieser Zustand ist verhängnisvoller, als wenn ein Volk von einer offenen Tyrannei unterdrückt und manipuliert wird durch ununterbrochene Propaganda und ein System, das die Konformität der „Bürger" mit ein wenig Erleichterung des chronischen Mangels und einer zeitweisen Minderung der Angst belohnt. Erinnern wir uns an die Warnung von Josef Pieper, dass unser Zustand im Vergleich mit einer offenen Tyrannei weit schlimmer sein und kaum abgeschüttelt werden kann, weil es immer scheinbar überzeugende Argumente gibt, dass er nicht das ist, was er tatsächlich ist.

Falsche Propheten

In Matthäus 24 beschreibt Jesus die Zeichen der großen Bedrängnis, die über die Menschheit kommen wird. Er sagt:

Denn es wird dann eine so große Not kommen, wie es noch nie eine gegeben hat, seit die Welt besteht, und wie es auch keine mehr geben wird. Und wenn jene Zeit nicht verkürzt würde, dann würde kein Mensch gerettet; doch um der Auserwählten willen wird jene Zeit verkürzt werden... Denn es wird mancher falsche Christus und mancher falsche Prophet auftreten und sie werden große Zeichen und

Wunder tun, um, wenn möglich, auch die Auserwählten ir-
rezuführen" (Mt 24,21-24).

Damit warnt er uns ganz klar vor unserer eigenen Anfäl-
ligkeit für Täuschung. Wenn die Mehrheit der Menschen
im einst christlichen Westen sich heute von tödlichen Lügen verblenden lässt, was sagt uns das über den Zustand
unseres Glaubens? Je flacher der Glaube bei vielen wird,
um so überzeugender erscheinen ihnen die Feinde des Reiches Gottes, ja, sie halten sie sogar für bewundernswert,
vernünftig, aufrichtig und barmherzig. Es ist eine Art von
Selbstverblendung, eine willige Kooperation mit dem, was
uns umbringt – ein langsamer, komplexer Prozess, der für
Körper und Gefühl viel Genüssliches parat hält und für
den Geist den noch viel gefährlicheren, intellektuellen und
spirituellen Stolz. Unsere Augen vermögen die Oberflä-
che dieses Prozesses nicht zu durchdringen und erkennen
nicht, wie sich ein immer dichteres, multidimensionales
Netz der Sünde entspinnt, unter dem sich die unsichtbare
Dynamik des Diabolischen verbirgt. Wir ahnen seine Gegenwart nur von Zeit zu Zeit. Um unsere Selbstzweifel zu
beschwichtigen, protestieren wir ein wenig, vertreten unseren Standpunkt in der angeblich neutralen, öffentlichen
Agora und werden tunlichst ignoriert – oder schlimmer,
werden noch tiefer in die Machenschaften der Hölle hin-
eingezogen, deren Erfolg von menschlichen Instrumenten
abhängt. Dabei können selbst jene getäuscht werden, die
guten Willens sind.

Das erinnert an das Vorwort von C. S. Lewis zu *Dienstanweisungen für einen Unterteufel*:

Das größte Übel geschieht nicht in den elenden Räuberhöhlen, die Dickens so trefflich geschildert hat. Es geschieht nicht einmal in den Konzentrationslagern oder Arbeitslagern. Diese zeigen uns nur das Endergebnis. Sondern es wird in sauberen, mit Teppich ausgelegten, warmen und gut beleuchteten Büros von unauffälligen Männern mit weißen Krägen, geschnittenen Fingernägeln und glatt rasierten Wangen, die ihre Stimme nicht erheben müssen, erdacht, geordnet, protokolliert, unterstützt und ausgeführt.[17]

Wer sind diese Leute? Haben wir sie gewählt? Vermutlich ja und wir haben es getan, weil sie die menschliche Natur gut genug verstehen, um uns in einem Tauschhandel alle möglichen Vorteile anzubieten, so dass wir die großen Übel nicht bemerken, die ein wesentlicher Teil ihrer Agenda sind. Machen wir uns bewusst, auf was wir uns bei diesem Deal einlassen: Wir haben eine Komplizenschaft mit den abscheulichsten Verbrechen und endlosen Selbstrechtfertigungen unserer Regierungen als „normal" akzeptiert, die in ihrer politischen Philosophie einen immer aggressiveren Materialismus an den Tag legen (sofern von einer Philosophie überhaupt die Rede sein kann). Es sind nicht Hunger oder Folterdrohungen, die uns gefügig machen, sondern ein in unserer Psyche tief verankerter neopawlowscher Reflex, der uns lähmt. Es gibt nur wenig, was die menschli-

---

17 C. S. Lewis, *Dienstanweisungen für einen Unterteufel*, Originalausgabe Geoffrey Bles, London, 1942. Das Zitat stammt aus dem Vorwort der englischen Ausgabe von 1961 bei Collier Books. Ich empfehle auch nachdrücklich das phänomenal gut recherchierte Buch von Gabriele Kuby, *Die globale sexuelle Revolution – Zerstörung der Freiheit im Namen der Freiheit*, Fe-Medienverlag, Kisslegg, 2012.

che Urteilskraft mehr beeinträchtigt als das Streben nach Sicherheit und die Angst vor Unsicherheit, die Suche nach Genuss und die Angst vor Schmerz, das Streben nach Zugehörigkeit und die Angst vor sozialem Ausschluss, sei sie real oder eingebildet.

Im zwanzigsten Jahrhundert haben zahlreiche Nationen die Kreuzigung ihres eigenen Volkes und der Kirchen durch einen aggressiven, ideologischen Materialismus durchlitten. Im 21. Jahrhundert ist er zu einem neuen „weichen" Totalitarismus mutiert, der sich nicht in gewalttätigem Aufruhr auf den Straßen zeigt, keine Bücher verbrennt und keine Leute in Konzentrationslagern verschwinden lässt, der vielmehr kulturellen und ökonomischen Druck mit beispielloser Macht ausübt. Welch schwerer Kampf ist es heute für katholische Nationen, ihre moralische Unabhängigkeit zu bewahren angesichts des Versuches der Europäischen Union, einen europäischen Zentralstaat zu schaffen, ohne Bindung an die christlichen Wurzeln Europas und ohne die moralischen Prinzipien der Mitgliedstaaten zu achten. Die Vereinten Nationen versuchen das Gleiche auf globaler Ebene zu tun. Wenn sich die Ideologen der Neuen Weltordnung durchsetzen, würden sie die spezifische Identität der Nationen zerstören; der Bereich der menschlichen Freiheit und Verantwortung würde geschmälert und das innere Leben des Menschen stranguliert, das notwendig ist, um Gott zu erkennen und ihm zu dienen. Die gewalttätigen Dramen spielen sich verborgen in Kliniken und Krankenhäusern ab, die Wahrheit wird ohne Unterlass von den Medien und den Bildungsinstitutionen entstellt, und Menschen verschwinden nicht nur durch Abtreibung, Euthanasie und Beihilfe zum Selbstmord, sondern durch internationalen soziopolitischen Druck, der eine drastische Reduktion der Bevölkerung anstrebt.

Widerstand und das „kleinere Übel"

Am 24. März 2007 hielt Papst Benedikt XVI. eine Ansprache vor Bischöfen und Parlamentariern, die sich in Rom versammelt hatten, um die „Werte" des sich neu bildenden Europas zu diskutieren. Er stellte fest, dass die „Apostasie", der Abfall Europas von seiner christlichen Identität, die Ursache der gegenwärtigen europäischen Krise sei und betonte, dass Politiker, die dem Wohl ihrer eigenen Völker und der Zukunft der Demokratie dienen wollen, der Verführung durch Argumente des „kleineren Übels" nicht erliegen dürfen. Er sagte:

Schließlich wird so die Überzeugung verbreitet, dass die »Güterabwägung« der einzige Weg für die moralische Unterscheidung und dass das Gemeinwohl ein Synonym für Kompromiss sei. Der Kompromiss kann wohl ein legitimer Ausgleich von verschiedenen Einzelinteressen sein; er verwandelt sich aber jedesmal in Gemeinübel, wenn er Vereinbarungen mit sich bringt, die für die Natur des Menschen schädlich sind.

Eine Gemeinschaft, die aufgebaut wird, ohne die echte Würde des Menschen zu achten, insofern sie vergisst, dass jede Person als Abbild Gottes geschaffen ist, gereicht am Ende niemandem zum Wohl. Deshalb scheint es immer unerlässlicher, dass sich Europa vor dieser heute so weit verbreiteten pragmatischen Haltung hüte, die den Kompromiss über die wesentlichen menschlichen Werte systematisch rechtfertigt, als handle es sich um die unvermeidliche Annahme eines vermeintlich kleineren Übels. Ein derartiger, als ausgewogen und realistisch präsentierter Pragmatismus ist im Grunde nicht so, gerade weil er jene Dimension der Werte und Ideale verneint, die der menschlichen Natur innewohnen.[18]

Wenn die Warnung der Muttergottes in Fatima umfassend verstanden wird („Russland wird seine Irrlehren auf der Welt verbreiten und viele Nationen werden vernichtet werden" 13.7.1917), dann ist das, was heute global geschieht, eine neue Welle derselben Kräfte, welche die kommunistische Revolution in Gang gesetzt haben. Sie zog viele soziale Revolutionen nach sich, welche die Menschheit immer mehr säkularisierten, eine Welle nach der anderen, durch die ganze Gesellschaften und Institutionen umgestürzt wurden – ja sogar das Verständnis des Lebens selbst. Jetzt sind wir inmitten der schlimmsten und gefährlichsten Welle, dem weltweiten Tsunami des Materialismus.

Ein Tsunami, der mitten im Ozean entsteht, hebt zunächst den Wasserspiegel nur ein wenig und bringt ein Schiff kaum zum Schwanken. Im tiefen Wasser ist er harmlos, aber je mehr er sich den flacheren Küstenregionen nähert, um so sichtbarer wird seine Wucht. Wenn die Welle

---

18 https://w2.vatican.va/content/benedict-xvi/de/speeches/2007/march/documents/hf_ben-xvi_spe_20070324_comece.html

ans Ufer schlägt, dann erst zeigt sich ihre wahre Natur und ihr Zerstörungswerk beginnt.

Wie bei einem Tsunami weit draußen im Ozean, so ballen sich auch die Kräfte des Bösen zusammen und wir sind in Versuchung, ihre Wucht zu unterschätzen. Aber wir müssen uns darüber klar sein, dass wir erst dann die ganze Macht des Bösen erkennen werden, wenn „die Welle ans Ufer schlägt", wenn die bösen Mächte gegen die treuen Christen losgelassen werden. Die Katholiken müssen sich jetzt darauf vorbereiten und die Entscheidung treffen, in den Nationen, in denen sie leben, standhaft zu bleiben und zu einem „Zeichen des Widerspruchs zu werden"- koste es, was es wolle.

Ich denke dabei an Polen, die Slowakei, Kroatien und Ungarn – es sind nur wenige Nationen, aber sie beweisen Mut.[19] Trotz erbarmungsloser Propaganda gegen ihre moralische Position leisten diese Nationen weiterhin Widerstand gegen den unersättlichen Appetit des Tieres. So Gott will, werden solche Zeichen des Widerstandes dem Tier vielleicht sogar im Halse stecken bleiben und seinen Plänen, die ganze Menschheit zu verschlingen, Einhalt gebieten. Mit ausreichender Zeit und Durchhaltekraft kann es vielleicht sogar gelingen, die Europäische Union zurückzuführen zur Vision ihrer Gründer, die, gegründet auf christliche Prinzipien, eine *Gemeinschaft der Nationen* schaffen wollten, keinen gottlosen, europäischen Superstaat.

---

[19] Während ich dies schreibe, am 15. Mai 2018, haben sich die Iren für die Legalisierung der Abtreibung ausgesprochen. In dem einst tief katholischen Land haben 66 % für die Abtreibung gestimmt.

Widerstand wird Opfer kosten, denn er verlangt vom Einzelnen mit gutem Willen und gutem Gewissen angesichts scheinbar überwältigender Gegnerschaft fest zu stehen. Wie Papst Benedikt XVI. zum Abschluss seiner Ansprache am 24. März 2007 sagte:

> Seid deshalb auf europäischer Ebene aktiv präsent in der öffentlichen Debatte... und begleitet diesen Einsatz mit einem wirksamen kulturellen Handeln. Beugt euch nicht der Logik der Macht als Selbstzweck! Eine ständige Anregung und Stütze sei euch die Mahnung Christi: ‚Wenn das Salz seinen Geschmack verliert, taugt es zu nichts mehr; es wird weggeworfen und zertreten' (vgl. Mt 5,13).

Der Kampf hat von Kontinent zu Kontinent unterschiedliche Gestalt, ist in seinem Wesen aber doch überall gleich: Die Menschheit steht gegenwärtig in einem Krieg, der sich gegen die Würde und den ewigen Wert der menschlichen Person richtet. Wir können uns aus diesem Konflikt nicht heraushalten, dürfen das Feld nicht dem Gegner überlassen. Es wäre auch falsch anzunehmen, dass wir uns ein wenig Raum für die Moralität bewahren könnten, wenn wir mit dem Bösen einen „Einzelfrieden" schließen. In dieser Hinsicht können wir viel aus J. R. R. Tolkiens *Der Herr der Ringe* lernen, über Regierungen und Krieg und Charaktere, die unsere Zukunft prägen: Denken wir an Saruman, den politischen Realisten, der mit boshafter Brillanz seine überzeugenden Argumente vorbringt, warum man sich dem Dunklen Herrscher unterwerfen soll; oder an den tapferen Boromir, den wohlmeinenden, politischen Idealisten, der um ein Haar die ganze Welt dem Dunklen Herrscher ausgeliefert hätte, ohne es überhaupt zu merken. Es wäre passiert, wenn nicht der kleine, bescheidene Frodo vor den ach so vernünftigen Argumenten Boromirs die Flucht ergriffen hätte. Bei seiner Flucht vor der Täuschung hat Frodo seine Mission nicht aufgegeben, vielmehr seine Integrität bewahrt und sie schließlich gegen alle Wahrscheinlichkeit tatsächlich erfüllt. Fiktion, Mythos, Fantasie? Ja, in gewissem Sinn, aber letztlich realer als vieles, was wir durch die Informationsmedien aufnehmen.

Wie leicht greifen wir nach reduktionistischen, „realistischen" Lösungen! Wie schnell fallen wir in den Spalt zwischen dem inneren und dem äußeren Leben und vergessen dabei (oder haben es nie gelernt), dass weder der Einzelne noch Nationen lange ertragen können, zwei widersprüchliche Interaktionsformen mit der Welt zu haben: unterschiedliche Regeln für den Umgang mit dem menschlichen Leben in der Innenpolitik und in der Außenpolitik. Innen und außen sollten eins sein, positiv und moralisch wahr, anderenfalls kommt es zur Auflösung. Macht und Reichtum können eine Zeitlang ein falsches Gleichgewicht aufrechterhalten, aber nicht auf die Dauer.

Wenn nicht der Herr das Haus baut, mühen sich umsonst, die daran bauen. Wenn nicht der Herr die Stadt behütet, wacht umsonst, der sie behütet (Ps 127,1).

Was ist das für ein psychologischer Kosmos, in dem wir jetzt leben? Die großen Umrisse sind leicht zu erkennen: Die demographische Krise des Westens, der Aufstieg Chinas zu einer bedrohlichen, ökonomischen und militärischen Macht, die Instabilität der islamischen Nationen, die allgegenwärtige Angst vor Terrorismus innerhalb unserer eigenen Grenzen; dabei werden unsere tiefsten Ängste durch die „Soma"-Droge des Konsums betäubt. Von allen Seiten werden uns falsche Entweder/Oder-Lösungen angeboten. Wer sich die politischen Kandidaten in den demokratischen, westlichen Nationen anschaut, der wird an jeder Ecke Utilitarismus entdecken – getarnt mit idealistischer oder patriotischer oder humanitärer oder „liberal gegen konservativ"-Rhetorik, wobei der religiöse Utilitarismus der schlimmste ist.

Stellen Sie sich dieses Szenario vor: Ihr Land wird von einem ausländischen Führer bedroht, der in der einen Hand den Koran hält und in der anderen eine Atombombe. Bei der Wahl Ihres eigenen nationalen Führers steht ein Kandidat zur Wahl, der in einer Hand die Bibel und in der anderen Hand die Atombombe hält. Welcher von beiden soll die Zukunft bestimmen? Nebenbei gesagt sind beide bereit, die Bombe über dem Gebiet des anderen abzuwerfen.

Sie wollen aber einen Führer wählen, der wie Sie Atomwaffen verabscheut, und wenden sich einem anderen Kandidaten zu. Vielleicht hat er auch eine Bibel in der Hand, aber wahrscheinlicher ist, dass er *Das humanistische Manifest* (ein heiliger Text des Materialismus) in der einen Hand hält und ein Absauggerät in der anderen.

Haben wir sonst keine Wahl? Wenn nicht, dann ist die Wahl eine Farce. Es handelt sich vielmehr um ein Theater mit tödlichem Ausgang.

Gibt es keinen dritten Weg? Warum gibt es bei der Diskussion der gegenwärtigen Weltsituation so wenig kreative Ideen? Warum so wenig ernste Suche nach alternativen Wegen durch den Irrgarten der heutigen Probleme? Ist die ganze Welt in einen fatalistischen Gleichschritt verfallen, der sich als Realismus ausgibt? Haben denn die Menschen in den Regierungen alle Hoffnung verloren, dass sie auf etwas anderes setzen können als Macht und die Instrumente des Todes?

In seiner Enzyklika von 1993, *Veritatis Splendor,* schreibt Johannes Paul II.:

> Die *Sittlichkeit der Handlungen* bestimmt sich aufgrund der Beziehung der Freiheit des Menschen zum wahrhaft Guten. Dieses Gute ist als ewiges Gesetz durch Gottes Weisheit begründet, die jedes Wesen auf sein Endziel hinordnet:... Das Handeln ist sittlich gut, wenn die der Freiheit entspringenden Wahlakte *mit dem wahren Gut des Menschen übereinstimmen* und damit Ausdruck der willentlichen Hinordnung der Person auf ihr letztes Ziel, also Gott selber, sind: Das höchste Gut, in dem der Mensch sein volles und vollkommenes Glück findet. (72)

Der Papst zitiert dann die Enzyklika von Paul VI., *Humanae Vitae* und fährt fort:

> Wenn es auch in der Tat zuweilen erlaubt ist, ein sittliches Übel hinzunehmen, in der Absicht, damit ein größeres Übel zu verhindern oder ein höheres sittliches Gut zu fördern, ist es doch nicht erlaubt, nicht einmal aus sehr schwerwiegenden Gründen, das sittlich Schlechte zu tun, damit daraus das Gute hervorgehe (vgl. *Röm* 3,8), d.h. etwas zum Gegen-

stand eines positiven Willensaktes zu machen, was seiner Natur nach der moralischen Ordnung widerspricht. (80)[20]

Utilitarismus

In Webster's Dictionary und im Oxford University Dictionary finden sich ausgezeichnete Definitionen des Begriffs *Utilitarismus*. Kurz gesagt, der moralische Wert einer Handlung sei bestimmt durch ihre Wirkung, mit anderen Worten, der Zweck heiligt die Mittel; man darf Böses tun, um ein angestrebtes Gut zu erreichen. In einem weiteren Sinn kann Utilitarismus als eine Philosophie definiert werden (und ich schließe hier bewusste und unbewusste Philosophien mit ein), die den ewigen Wert der menschlichen Person auf seine Nützlichkeit reduziert. Die Person wird zur Zahl, zu einem Rädchen in einem Mechanismus, zum Teil einer Agenda. Er ist so wertvoll wie das, was er produzieren kann oder so weit er zur Produktion benutzt werden kann. Er kann weggeworfen werden, wenn sein Leben einem angestrebten Zweck, der üblicherweise als „Gemeinwohl" dargestellt wird, im Wege steht oder dafür nicht mehr nützlich ist.

Halten wir einen Moment inne und erinnern wir uns an zwei Aussprüche zu dieser Haltung. Kajaphas sagt im Hohen Rat, der die Tötung Jesu beschließt:

---

[20] Vgl. *Veritatis Splendor*, 71-83

Es ist besser für euch, wenn ein einziger Mensch für das Volk stirbt, als wenn das ganze Volk zugrunde geht" (Joh 11,50).

Mutter Teresa von Kalkutta sagt:

Die Frucht der Abtreibung ist der Atomkrieg.

Kajaphas ist der Meisterstratege, der Schiedsmann für das „kleinere Übel" im Dienst des religiösen Gemeinwohls der Nation. Hingegen legt Mutter Teresa ihren Finger auf die wahre Beschaffenheit der Welt: Individuen und Nationen können nicht das Böse tun, ohne dass es Konsequenzen hat; selbst eine noch so „private" oder persönliche Tat hat Auswirkungen auf die menschliche Gemeinschaft; innere moralische Übel werden schließlich in äußeren moralischen Übeln zum Ausdruck kommen, weil die moralische Ordnung an ihrer Basis zerbrochen wurde. „Kleinere Übel" auf der nationalen und internationalen Ebene können Katastrophen herbeiführen.

Wenn wir all die „Ismen" in unserer Zeit betrachten, dann kann man sich in der Terminologie leicht verlieren. Um der Einfachheit halber wollen wir zwei der wichtigsten Philosophien unserer Zeit betrachten, den Materialismus und den Utilitarismus. Sie sind zwei Seiten derselben Münze, anders gesagt, sie haben eine inzestuöse Einheit, aus der nur Missbildungen hervorgehen. Praktischer Utilitarismus ist der Arm des theoretischen Materialismus und religiöser Utilitarismus ist der Arm des religiösen Materialismus.

Religiöser Materialismus – ist das möglich? Er ist nicht nur möglich, sondern Tatsache in Nationen, die von sich behaupten, ihren Göttern verpflichtet zu sein, während sie aggressive Kriege führen – wirtschaftlich, demographisch, kulturell und militärisch – und dabei massenhaft unschuldige Opfer produzieren. Bei aller frommen Rhetorik sollten wir nicht für bare Münze nehmen, was sie sagen, sondern auf das schauen, was sie tun.

Damit es kein Missverständnis gibt: Was ich hier sage, ist nicht an eine bestimmte Nation gerichtet, sei es Russland, Amerika, China, europäische Staaten, islamische Staaten oder mein eigenes Land Kanada (obwohl es eines der schlimmsten Übeltäter in diesem Bereich ist). Bei allen Unterschieden dieser Länder hinsichtlich ihrer sozialen und religiösen Grundeinstellungen muss die Frage an alle gestellt werden: Fördern oder verleugnen sie die absoluten Prinzipien, auf denen eine vernünftige und wahrhaft menschliche Zivilisation aufgebaut sein muss?

Schauen wir nur auf den Westen und fragen wir uns, wie dieser Betrug in unserem Teil der Welt tatsächlich vor sich geht. Es ist nicht einfach zu erkennen, wo das Problem liegt, weil wir uns für Humanisten halten und für die letzte Bastion der Freiheit. Das ist nicht ganz unwahr, wenn wir uns mit den Diktaturen vergleichen, die es immer noch gibt. Aber im Grunde haben auch wir die wesentlichen menschlichen Werte aufgegeben, auch wir sind praktische Utilitaristen geworden.

Utilitaristen leugnen in ihrem praktischen Verhalten die Wahrheit, dass jede einzelne Person ein Gut von gleichem und ewigem Wert ist. Utilitaristen bedenken nicht, dass das

Gemeinwohl, das angeblich durch die Zerstörung und Ausbeutung menschlichen Lebens gewonnen wird, niemals gut sein, und niemals das Gemeinwohl fördern oder verteidigen kann. Sie sind blind gegenüber der Tatsache, dass die Übel, die sie herbeiführen, schlimmer sind und mehr korrumpieren, wenn sie als Tugend ausgegeben werden.

Eine solche Philosophie kann nur in einem Geist Fuß fassen, der die Moral relativiert und eine gespaltene Wahrnehmung hat. Sie führt dazu, dass böse Taten als „notwendiges Übel" oder „kleineres Übel" gerechtfertigt werden, angeblich im Dienst eines übergeordneten Guts. Manche Utilitaristen lehnen sogar diese Kategorien ab, weil sie an ihren Taten nicht das Geringste schlecht finden. So wird die Katastrophe zu etwas Abstraktem – indem ungezählte, einzigartige Menschenleben im Namen des „Guten" ausgelöscht und auf statistische Zahlen reduziert werden, die dann sorgfältig abgewogen und interpretiert werden in einem Zustand der Dissoziation von dem Leid, das sie verbergen. *Das* ist die Rhetorik der Hölle.

Aber es gibt ein noch tieferes Problem mit dem Utilitarismus. Stellt man die Theorie ins Licht und nennt sie beim Namen, dann würde jeder Katholik sagen: „Oh ja, das ist schlecht." Aber allzu oft gibt es eine Kluft zwischen Theorie und Praxis; wir haben das Gefühl, dass diese Übel zwar bedauerlich, aber unvermeidlich sind und dass es für uns persönlich unmöglich ist, diese Kluft zwischen dem christlichen „Ideal" und der praktischen Realität zu überwinden, so dass wir bedauerliche, aber leider doch notwendige Kompromisse mit dem Bösen machen. Wenn wir so denken, dann zeigt uns das, wie sehr wir vom Utilitarismus angesteckt sind. Die objektive Realität ist aber, dass andere Menschen, die von Gott genauso geliebt werden wie wir selbst, für unser Wegschauen mit ihrem Leiden oder sogar mit ihrem Tod bezahlen müssen. Werden wir weiterhin dem Utilitaristen unsere Stimme geben, der uns Sicherheit oder wirtschaftliche Stabilität anbietet, weil wir bewusst oder unbewusst entschieden haben, dass diese ein höheres Gut sind als die Heiligkeit des menschlichen Lebens? Aber viele sind gar nicht in der Lage, diese Widersprüche wahrzunehmen. Was ist die Ursache? Ist es nur der Utilitarismus und sei es der religiöse oder steckt da noch etwas anderes dahinter?

Die schlimmste Form des Utilitarismus ist jener, der nicht nur religiös, sondern auch spirituell ist. Ich denke dabei nicht so sehr an Gilsons „dämonische Größe von Nietzsche", und auch nicht an den weniger großartigen, unmoralischen Moralismus, den der *Katechismus* einen zuinnerst perversen, „säkularen Messianismus" nennt. Ich meine, dass die Leere im Inneren einer Person, die durch den Mangel an authentischem Glauben entsteht, so schmerzhaft und unerträglich werden kann, dass sie sich nach einer alternativen Spiritualität sehnt, die diese Leere füllen kann. Denn der Mensch ist ein spirituelles Wesen, der zur Anbetung geschaffen ist, ob er das weiß oder nicht. Er läuft so Gefahr, einer Ersatzvision der Erlösung auf den Leim zu gehen, bis ihm schließlich sehr dunkle Spiritualitäten als Licht erscheinen mögen, die eine Endlösung für die Menschheit anbieten.

Er kann sich so tief im Bösen verstricken, dass er bereit wird, an der Entmenschlichung anderer Seelen mitzuwirken und dabei zu meinen, ihre Ausbeutung und Verwertung sei ein idealistisches Unternehmen für einen spirituellen Zweck. So gibt es wachsende Bewegungen und Organisationen, die darauf hinarbeiten, einen Großteil der Menschheit zu vernichten im Dienst einer kosmologischen Vision seiner evolutionären Vergöttlichung – „ihr werdet sein wie Gott" –, mit anderen Worten eine satanische Ebene des Bösen.[21] Es sprengt den Rahmen dieses Buches, diese Dimension weiter zu untersuchen, aber es wirft die Frage auf:

Was hindert den religiösen Utilitarismus daran, zu spirituellem Utilitarismus zu werden? Gibt es eine Firewall, die uns davon abhält, so tief zu sinken?

Ist es unsere Überzeugung, dass *wir* die „Guten" sind? Ist es eine Hausapotheke mit demokratischen Patentlösungen? Oder ein vages Ethos von richtig und falsch, eine Linie im Sand, von der wir gewiss sind, dass wir sie nicht überschreiten werden? Wo ist diese Linie? Was hält uns davon ab, sie zu übertreten oder uns von den historischen Notwendigkeiten hinüberstoßen zu lassen? Wir wissen nur zu gut, was die Bösen tun, die Hitlers und Stalins und Maos und die Selbstmordattentäter unterschiedlicher Herkunft mit all ihren kleineren Imitatoren. Aber was ist mit uns? Wo genau liegt unsere äußerste Grenze für das, was erlaubt ist?

---

21 Vgl. Josef Pieper, *Über das Ende der Zeit. Eine geschichtsphilosophische Betrachtung*, Butzon & Bercker, Kevelaer, 2014, Kapitel 3, *Der zeitgenössische Mensch und die Antichrist-Vorstellung*, S. 87f
Michael Schooyans, *The Gospel: Confronting World Disorder*, Einleitung von Joseph Ratzinger, Catholic Central Verein, St. Louis, 1999

„Wenn Gott tot ist, dann ist alles erlaubt", sagt eine der Personen in Dostojewskis *Brüder Karamasov.* Aber was, wenn jemand meint, er würde noch an Gott glauben, weil er in die Kirche geht, aber seine instinktiven Gefühle und seine Entscheidungen sind die eines praktischen Materialisten? Für so jemanden ist alles „erlaubt", weil er es für eine zwar bedauerliche, aber unvermeidliche Notwendigkeit hält. Zur Selbstrechtfertigung muss er dann eine politische Philosophie erfinden, weil er es sonst nicht mit sich aushalten würde. Eine Philosophie kann brillant formuliert oder kaum durchdacht sein, aber wie unterschiedlich ihr intellektuelles Niveau auch sein mag, sie erfüllt einen Zweck: Die Leugnung, dass in jeder Sphäre des menschlichen Lebens absolute moralische Normen Geltung haben müssen. Vielleicht wird er diese moralischen Absoluta im privaten Leben akzeptieren, aber sie im öffentlichen Leben zur Diskussion stellen. Die Argumente mögen in edler Sprache vorgebracht, die moralischen Fragen in kleinste Einzelheiten zerlegt, die Kompromisse hervorragend begründet werden – es kommt aufs Gleiche hinaus. Weder der „Liberale" noch der Neoliberale", weder der „Konservative" noch der „Neokonservative" ist immun gegen die Verführung durch Rationalisierungen. Wir sind alle dazu fähig, die moralische Ordnung des Universums in ein Ghetto einzuschließen, und zwar im Namen der Freiheit. Aber es kann ein Punkt kommen, vielleicht ein Augenblick im Gebet oder ein plötzliches Licht des Gewissens in einer schlaflosen, nächtlichen Stunde, wenn jemand einen Schritt hinter sich zurücktritt und einen nüchternen Blick auf sich wirft. Er erinnert sich dann vielleicht an den Augenblick, an dem er bereit war, politische „Notwendigkeiten" über das Gesetz Gottes zu stellen. Und er erkennt, dass es ein Verrat war.

Was soll er dann tun? Das Mindeste ist, dass er bereit wird, die Wahrheit als letzten Schiedsrichter über die Wirklichkeit anzunehmen – wie das jeder von uns in seiner Berufung und seinem Einflussbereich tun muss. Das führt uns dann unvermeidlich dazu, künstliche Konstrukte in unserem Umgang mit der Welt fallen zu lassen – insbesondere jene Strategien, die nach einem Gut auf Kosten der Wahrheit streben. Das wird sehr viel Mut von uns verlangen, nämlich die grundsätzliche Bereitschaft, um der Wahrheit willen alles zu verlieren. Aber noch mehr wird von uns verlangt: Wir müssen in unserem Sein die Gegenwart der inkarnierten Wahrheit zum Ausdruck bringen und Christus nicht nur mit unseren Worten, sondern mit unserem ganzen Leben auf dem „öffentlichen Marktplatz" präsent machen. Das muss mit Liebe geschehen, aber auch mit Festigkeit, Klarheit und moralischer Autorität. Die Menschheit braucht keine hohle Rhetorik mehr; sie braucht einen anderen heiligen Augustinus, der die Kunst der Rhetorik dafür benutzte, die Wahrheiten der christlichen Offenbarung klar und überzeugend zu verkünden. Sie braucht Menschen mit apostolischem Herzen und den verschiedensten Gaben. Vor allem braucht sie das lebendige Wort, das auf den Agoren dieser Welt dynamisch präsent ist. Sie braucht Menschen mit Stehvermögen, sie braucht Zeugen, sie braucht Märtyrer.

Vor einer Generation sagte Kardinal Joseph Ratzinger in einem Interview, dass das Evangelium seine Anziehungskraft vor allem durch zwei Gaben der Kirche ausübe: die

Märtyrer und die Kunst. Die Rolle des Martyriums ist in einem Zeitalter des Glaubensabfalls keine andere als sie immer gewesen ist, auch wenn die Formen heute sehr vielfältig sind; ob es nun ein „weißes" oder ein „rotes" Martyrium ist – immer ist es ein Zeugnis für die Wahrheit.[22] Aber können unsere kulturellen Werke zum Widerstand gegen den Verfall unserer Zivilisation beitragen? Wenn sie die wahre Geschichte des Menschen erzählen, dann können sie jedenfalls Zeichen des Widerspruchs sein gegen den tyrannischen Charakter des uns umgebenden psychologischen Kosmos, gegen die Unmenschlichkeit, die das Ethos unserer Welt beherrscht. Kunstwerke können unser Verständnis für die Identität des Menschen, der als Ebenbild Gottes geschaffen ist, vertiefen, sie können Staunen und Ehrfurcht im Herzen wecken. Sie können auf eine künftige Morgendämmerung hinweisen, die Zivilisation der Liebe, die trotz allem noch eine Möglichkeit für die Menschheit bleibt.

Manchmal werden wir instinktiv von der Übermacht unserer Gegner überwältigt. Das heißt, dass wir um Mut und Weisheit beten müssen – so wie es der junge Hirte David gemacht hat, als er Goliat gegenüberstand. „Der Kampf gehört dem Herrn!" erklärte er, als er in die Arena ging, bewaffnet mit nur einer Schleuder und fünf Kieselsteinen, aber vor allem mit dem Glauben, dass Gott den Sieg herbeiführen werde.

Nach menschlichen Gesichtspunkten war das völlig unmöglich. Aber es ist gerade das Unmögliche, zu dem wir

---

22 Das Wort „Märtyrer" stammt vom griechischen *martys* ab, was „Blutzeuge" heißt.

gerufen werden. Das Evangelium hat die Welt revolutioniert und eine neue Zivilisation geschaffen, weil ein paar Menschen gewagt haben, an das Unmögliche zu glauben. Sie wussten, dass Jesus der Meister des Unmöglichen ist. Seine Geburt, sein Tod und seine Auferstehung waren in der Geschichte der Menschheit die Überraschung mit dem gänzlich Unmöglichen. Seien wir sicher: Es wird weitere Überraschungen geben.

IV.

Der große Abfall

„Wird jedoch der Menschensohn, wenn er kommt,
auf der Erde noch Glauben vorfinden?"
(Lk 18,8)

In jeder Generation manifestiert sich „die nahe Zukunft" anders als erwartet. Aus diesem Grund besteht die Versuchung zu allen Zeiten darin, die Teleologie der Geschichte und die Eschatologie der Offenbarung für mentale Konstruktionen zu halten, erzeugt von irrationalen Ängsten oder hitzigen Analysen der gegenwärtigen Situation, die sich endlos wiederholen, ohne dass die prophezeite Totalkatastrophe jemals eintritt. Und dennoch kommt der Zeitpunkt näher, von dem Jesus Christus in den Evangelien spricht, von dem das Buch der Offenbarung, die Briefe von Petrus, Paulus und Johannes, die Propheten des Alten Testaments und die kirchlich anerkannten Privatoffenbarungen künden, die in den letzten 150 Jahren an Häufigkeit und Intensität zugenommen haben. Dann werden sich alle spekulativen Szenarien im Angesicht einer letzten, realen Bedrohung verflüchtigen. Dann wird die Zukunft Gegenwart sein. Im Vorfeld wird es zu einem Glaubensabfall kommen, wie es nie zuvor einen gegeben hat (vgl. 2 Thess 2,3). Tag für Tag greift dieser Abfall vom Glauben weiter um sich. Der Höhepunkt wird der Tag des Herrn sein, ein Tag des Feuers.

In seinen Predigten sprach der Kardinal John Henry Newman prophetisch über die nahe Zukunft, wie er sie zu seiner Zeit kommen sah.

Ich weiß, dass alle Zeiten ihre Gefahren haben und es immer ernste und besorgte Geister gibt, denen die Ehre Gottes und die Not der Menschen am Herzen liegen und die ihre eigene Zeit für die schlimmste aller Zeiten halten. Immer ist die Kirche, die Mutter der Seelen, den wütenden Attacken des Feindes der Seelen ausgesetzt, der, wenn er schon nichts Böses tun kann, doch droht und in Angst versetzt. Jede Zeit hat ihre spezifischen Prüfungen, die andere Zeiten nicht haben. Insofern gestehe ich zu, dass es für die Christen früherer Epochen Bedrohungen gab, die es heute nicht gibt. Und dennoch denke ich, dass die Prüfungen, die vor uns liegen, selbst so unerschrockene Männer wie den heiligen Athanasius, den heiligen Gregor I. oder den heiligen Gregor VII. entsetzt und schwindelig gemacht hätten. Sie hätten zugeben müssen, dass bei aller Dunkelheit ihrer je eigenen Zeit die Finsternis unserer Zeit sich von allem, was ihr vorherging, unterscheidet. Die besondere Gefährdung, die uns bevorsteht, ist die Pest des Glaubensabfalls, den die Apostel und der Herr selbst als die schlimmste Not in den letzten Zeiten der Kirche vorausgesagt haben. Sie kündigt sich an in dem Schatten, der über die Welt zu fallen beginnt.[23]

---

[23] John Henry Newman, *The Infidelity of The Future* (Der Unglaube der Zukunft), Sermon of October 2, 1873, in: *Tracts for the Times*, J. G. F & J. Rivington, London 1840

Newmans Sicht entspringt zum Teil der Zeit, in der er lebt, aber auch seiner Erkenntnis, dass Christen immer versucht sind, mit dem *spiritus mundi* Kompromisse einzugehen. Für ihn war es klar, dass der Geist der Welt immer tiefer in das eindrang, was vom alten Christentum noch übrig war. In anderen Predigten ging er noch weiter und warnte davor, dass der diabolische Geist sich auf eine letzte Konfrontation zubewege.[24] Newman wies darauf hin, dass Phasen der Lauheit und Erschlaffung der Gläubigen immer der Auftakt zu Verfolgungen waren und dass der letzten Verfolgung der größte Glaubensabfall in der Geschichte der Kirche vorausgehen würde.[25] Es hatte natürlich andere Perioden des Glaubensabfalls und der Häresie gegeben, zum Beispiel die arianische Krise. Aber wie ernst sie auch waren, sie traten in einer Zeit der vielfältigsten religiösen Verwirrung auf, als der zivilisierte Mensch noch im Begriff war, aus den Fiebersümpfen des Heidentums herauszukriechen.

Das ist der Unterschied zwischen dem, was in der Vergangenheit geschehen ist und was heute in der gesamten westlichen Welt geschieht: Eine Zivilisation, die das Christentum gekannt hat (und heute kaum mehr eine Ahnung davon hat, wie finster das Heidentum sein kann), entscheidet sich dafür, in den Sumpf zurückzukehren und schreit auf der schiefen Bahn in den Abgrund unablässig „Fort-

---

24 John Henry Newman, *Tracts for the Times,* Vol. V, 1838-1840, Advent Sermons on Antichrist

25 In seiner *Kirchengeschichte* weist Eusebius von Caesarea, Bischof und Historiker im 4. Jahrhundert, darauf hin, dass allen großen Verfolgungen Perioden der Laxheit unter den Gläubigen vorausgingen.

schritt" und „Freiheit". Es ist ein tragisch verkürzter Begriff der Freiheit, der jedem aggressiv aufgezwungen wird.

Dass die Revolution die fundamentalen Prinzipien der Zivilisation so schnell umstürzen konnte, Prinzipien, die in jeder vernünftigen Gesellschaft Geltung haben, ist eines ihrer verhängnisvollen Merkmale. Natürlich spielen dabei historische und soziologische Faktoren eine Rolle, wie der Vertrauensverlust in einen gütigen Gott durch die zwei unfassbar zerstörerischen Weltkriege, die beständige Gefahr eines Atomkrieges, moderne Genozide, die sexuelle Revolution und die phänomenale Ausbreitung der digitalen Medien. Sie überwältigen das Bewusstsein, setzen das Gewissen außer Kraft und machen den menschlichen Willen zu einem Instrument ihrer Zwecke, wodurch sie nicht nur den Sinn des Menschenlebens neu definieren, sondern die Wirklichkeit selbst.

Die Lauheit der Christen

Aber warum haben sich so viele Christen von diesen pathologischen Narrativen einfangen lassen? Warum, kurz gesagt, sind wir bereit, uns selbst zu belügen? Wir machen uns selbst etwas vor, weil es dafür alle möglichen Belohnungen gibt: Die inneren Spannungen des moralischen Kampfes, die zur menschlichen Existenz gehören, werden leichter, so als würden wir uns von einer überholten Legende verabschieden. Täglich schlucken wir plausible Lügen und verstricken uns in einem Netz von Falschheit und Schmeicheleien, von emotionalen und physischen Annehmlichkeiten, die uns von den globalen Unterhaltungs- und Kommunikationsmedien schmackhaft gemacht werden. Durch die Korruption der Erziehung, die moralisch kompromittierte Politik und – am verwerflichsten von allem – durch die vieldeutige Theologie und ein Potpourri von Spiritualitäten fallen diese Lügen auf fruchtbaren Boden.

In seinem zweiten Brief an Timotheus ermahnt der heilige Paulus die Hirten der Herde Gottes, das Wort mit Entschiedenheit zu predigen, gelegen oder ungelegen, „ob man es hören will oder nicht".

Weise zurecht, tadle, ermahne in unermüdlicher und geduldiger Belehrung. Denn es wird eine Zeit kommen, in der man die gesunde Lehre nicht erträgt, sondern sich nach eigenen Wünschen immer neue Lehrer sucht, die den Ohren schmeicheln; und man wird der Wahrheit nicht mehr Gehör schenken, sondern sich Fabeleien zuwenden (2 Tim 4,2-4).

Wenn die neuen Studien über Glauben und Glaubenspraxis in der westlichen Welt zutreffen, dann scheinen 80 Prozent der Katholiken nicht mehr an die Realpräsenz Christi in der Eucharistie, die Notwendigkeit der Beichte und andere fundamentale Lehren zu glauben. Die Mehrheit lehnt die Lehre der Kirche über die Sexualmoral ab. Dabei gehen viele von ihnen weiterhin in die Messe und bezeichnen sich als Katholiken, was für sie eine Art kulturreligiöser Identität ist, ein nützliches, ethisches System, in dem man seine Kinder zu gesetzestreuen Bürgern, „guten Menschen", erziehen kann, ohne sich einer tiefgehenden Verantwortung vor Gott und den Menschen bewusst zu sein.

Im zweiten Brief an die Thessalonicher ermahnt uns der heilige Paulus, uns nicht aus der Fassung bringen zu lassen, wenn behauptet wird, der Tag des Herrn sei schon da, denn dieser Tag wird erst nach dem großen Abfall kommen (in manchen Übersetzungen ist von „Rebellion" die Rede), dem *Vorspiel* für das Offenbarwerden des „Menschen der Gesetzwidrigkeit", des „Sohnes des Verderbens", „der sich über alles, was Gott oder Heiligtum heißt, so sehr erhebt, dass er sich sogar in den Tempel Gottes setzt und sich als Gott ausgibt" (2 Thess 2,2-4). Das ist der Antichrist, der von Lügen und Schmeicheleien in Wellen der Täuschung an die Macht getragen wird, für welche die Menschen anfällig geworden sind, weil sie sich „der Liebe zur Wahrheit verschlossen" und der Autorität Gottes widersetzt haben, indem sie sich selbst zu Göttern über ihr eigenes Leben gemacht haben.

Im zweiten Brief an Timotheus warnt Paulus:

Das aber sollst du wissen: In den letzten Tagen werden schwere Zeiten anbrechen. Die Menschen werden selbstsüchtig sein, habgierig, prahlerisch, überheblich, bösartig, ungehorsam gegen die Eltern, undankbar, ohne Ehrfurcht, lieblos, unversöhnlich, verleumderisch, unbeherrscht, rücksichtslos, roh, heimtückisch, verwegen, hochmütig, mehr dem Vergnügen als Gott zugewandt. Den Schein der Frömmigkeit werden sie wahren, doch die Kraft der Frömmigkeit werden sie verleugnen" (2 Tim 3,1-5).

Offensichtlich spricht der heilige Paulus hier nicht über die äußeren Feinde der Kirche, sondern über jene, die sich noch zur Kirche zählen. Das betont auch der heilige Petrus in seinem zweiten Brief, in dem er darauf hinweist, dass der kommende Glaubensabfall im Inneren der Gemeinden stattfinden wird.

> Es gab aber auch falsche Propheten im Volk, wie es auch unter euch falsche Lehrer geben wird. Sie werden verderbliche Irrlehren verbreiten und den Herrn, der sie freigekauft hat, verleugnen; doch dadurch bringen sie über sich selbst rasches Verderben. Und ihren Ausschweifungen werden sich viele anschließen und ihretwegen wird der Weg der Wahrheit in Verruf kommen (2 Petr 1,1-2).

> Denkt an die Worte, die von den heiligen Propheten im Voraus verkündet worden sind, und an das Gebot des Herrn und Retters, das eure Apostel euch überliefert haben! Dies sollt ihr vor allem wissen: In den letzten Tagen werden Spötter kommen, die sich nur von ihren Begierden leiten lassen und höhnisch sagen: Wo bleibt denn seine verheißene Ankunft? Seit die Väter entschlafen sind, ist alles geblieben, wie es seit Anfang der Schöpfung war. Wer das behauptet, übersieht, dass es einst einen Himmel gab und eine Erde, die durch das Wort Gottes aus Wasser entstand und durch das Wasser Bestand hatte. Durch beides ging die damalige Welt zugrunde, als sie vom Wasser überflutet wurde. Der jetzige Himmel aber und die jetzige Erde sind durch dasselbe Wort für das Feuer aufgespart worden. Sie werden bewahrt bis zum Tag des Gerichts, an dem die Gottlosen zu Grunde gehen.

Dies eine aber, liebe Brüder, dürft ihr nicht übersehen, dass beim Herrn ein Tag wie tausend Jahre und tausend Jahre wie ein Tag sind. Der Herr zögert nicht mit der Erfüllung der Verheißung, wie einige meinen, die von Verzögerung reden; er ist nur geduldig mit euch, weil er nicht will, dass jemand zu Grunde geht, sondern dass alle sich bekehren. Der Tag des Herrn wird aber kommen wie ein Dieb. Dann werden die Himmel prasselnd vergehen, die Elemente sich in Feuer auflösen und die Erde und alles, was auf ihr ist, wird man nicht mehr finden (2 Petr 3,2-10).

Weil der Mensch von Natur aus religiös ist, wird sich die Leere, die ohne einen veredelnden Glauben in ihm entsteht, bald mit irgendeinem anderen Glaubenssystem füllen. Wie G. K. Chesterton gesagt hat, werden Menschen, die nicht an Gott glauben, nicht an gar nichts glauben, sondern an alles.[26] Dennoch muss der Apostat, der vom Glauben Abgefallene, mit sich selber leben und so macht er sich selbst zum Richter über Gut und Böse und will dabei von seinem Gewissen nicht gestört werden. Wehe dem, der daran rührt! Um mit dem, was von seinem Gewissen noch übrig ist, in Übereinstimmung zu sein, muss der Apostat sich als Reformer/Befreier darstellen, als erleuchtet, mitfühlend, sanftmütig. Trifft er jedoch auf Widerstand, dann wird er gnadenlos. Der sich so „liberal" gegeben hat, ver-

---

[26] Diese oft zitierte Maxime Chestertons, ist kein echtes Zitat, sondern eine Art Synthese ähnlicher Einsichten, die in seinen Werken verstreut sind. So sagt in einer der Father-Brown-Geschichten der Priester-Detektiv: „Wenn jemand nicht an Gott glaubt, ist die erste Folge, dass er seinen gesunden Menschenverstand verliert."

hält sich im Handumdrehen wie ein Faschist, ohne zu wissen, warum – und ohne zu fragen, warum.

Das gilt auch für viele der liberalen Häretiker, die in der Kirche mit der Absicht bleiben, sie von innen zu zerlegen und sie dann nach eigenem Gutdünken wieder aufzubauen. Sie offerieren der Welt einen zahmen Christus anstatt einen barmherzigen; ein seichtes Christentum anstatt ein herausforderndes, das den Menschen in die Höhe ruft, zu seinem wahren Selbst; ein amputiertes Evangelium, dem lebenswichtige Glieder und Organe fehlen. Sie sind Rebellen, die sich als moralische Reformer ausgeben.

Wie Christopher Dawson warnte: In der nahen Zukunft wird sich die Durchsetzung eines Neototalitarismus und einer verdorbenen Moral als *moralischer* Kreuzzug darstellen, der die Unterwerfung der Kirche unter den Willen des Staates unausweichlich macht.

Das ist die Folge einer Invasion der Spirituellen durch das Zeitliche, der triumphalen Selbstbehauptung der säkularen Zivilisation und des säkularen Staates gegen die geistigen Werte und gegen die Kirche. Wenn wir von Totalitarismus und einem totalitären Staat sprechen, dann meinen wir, dass der Staat alle menschlichen Aktivitäten und alle menschlichen Energien kontrolliert, die geistigen und die physischen, und sie auf die Ziele lenkt, die seinen Interessen entsprechen, vielmehr den Interessen der herrschenden Partei oder Clique... In einer solchen Ordnung kann es keinen Platz für Religion geben, es sei denn, die Kirche gibt ihre geistige Freiheit auf und lässt sich von der neuen Macht instrumentalisieren, um die Psyche der Massen zu konditionieren und zu kontrollieren. Aber das verbietet sich für den Christen, denn es wäre eine Sünde wider den Heiligen Geist im absoluten Sinn. Deswegen muss die Kirche ihr prophetisches Amt erneut ergreifen und Zeugnis geben für das Wort, selbst wenn es das „Gericht durch die Völker" und einen offenen Krieg mit den Mächten der Welt bedeutet.[27]

Die Zukunft, die Dawson vor fünfundsiebzig Jahren vorhergesehen hat, ist jetzt da. Machen wir uns klar, dass diese soziale Revolution im einstmals christlichen Westen von Regierungen gesetzlich durchgesetzt wurde, die von häretischen oder vom Glauben abgefallenen Christen geführt wurde, die etwaigen Widerstand gegen die neue „Rechtgläubigkeit" mit Strafen verfolgen. Es hat eine perverse Logik, dass staatlich legitimierter und finanzierter Mord an immer neuen Gruppen der menschlichen Gemeinschaft (Kinder, Alte, Schwache, Kranke, Depressive *etc.*) im Namen der Menschlichkeit durchgeführt wird und dass die Erosion der Freiheit im Namen der Freiheit geschieht. So wurden in Kanada, wo sich die Mehrheit zum christlichen Glauben bekennt und die Katholiken einen Hauptteil der Bevölkerung ausmachen, in den letzten vierzig Jahren radikale, lebenzerstörende Gesetze Schritt für Schritt beschlossen. Kanada war einer der ersten Staaten der Welt, der Abtreibung legalisiert hat. Das war 1969. Im Jahr 2016 veränderte die Bundesregierung das Strafgesetz und lega-

---

27 Christopher Dawson, *The Judgment of the Nations,* Sheed & Ward, New York 1942, 153-155

lisierte „medizinische Sterbehilfe". Seitdem wurden 3700 Kanadier euthanasiert. Die Zahlen verdoppeln sich laut offizieller Statistik beinahe jedes halbe Jahr, nur Belgien und die Niederlande haben höhere Raten.

Reden wir uns nicht ein, dies seien nur Fehlentwicklungen bei ein paar wenigen Staaten. Tatsache ist, dass alle demokratischen Nationen unter enormen Druck gesetzt werden, die letzten Schranken zur Verteidigung des Lebens zu beseitigen. Wo immer dieses materialistische und konsumistische „Ethos" die bewachten Grenzen der islamischen und noch existierenden marxistischen Regime (bei denen das Tier andere Masken trägt) nicht direkt überschreiten kann, tut es dies auf dem Wege der Kultur mit Hilfe der elektronischen Medien. Es ist eine *globale* Revolution, deren Ziel und Zweck es ist, den Menschen zu erhöhen und die absoluten Rechte Gottes außer Kraft zu setzen. Da die Konsequenzen dieser schönen neuen Religion den Augen der Menschen verborgen sind, wird die Dunkelheit jetzt Licht genannt. In brillanten und kreativen Formulierungen heißt Untreue nun romantische Liebe, Mord gibt sich als Barmherzigkeit aus, die Auflösung des Naturrechts und die Verletzung des übernatürlichen Gesetzes gilt als Fortschritt. Der Mensch wird nichts gewinnen und meinen, er hätte alles gewonnen. Er wird alles verlieren und meinen, er hätte nichts verloren. Er wird anbeten, denn alle geschaffenen Wesen müssen anbeten, aber da er nur sich selbst anbeten will, wird er schließlich, ohne es zu wissen, den Vater der Lüge anbeten. Dann wird das Böse immer mehr freigesetzt und versuchen, alles zu verschlingen.

Nur die römisch-katholische Kirche hat die Macht, sich dem Bösen in den Weg zu stellen – allerdings nur dann, wenn sie die ganze Fülle des Lebens in Christus tatsächlich lebt; wenn sie das Bollwerk ist, das sich der Bosheit und den Täuschungen des Diabolischen ohne zu wanken entgegenstellt, und wenn sie „ein Zeichen des Widerspruchs" gegen jede der verlogenen Rationalisierungen ist, welche die gefallene Menschheit hervorbringt.

Die Kluft zwischen einem echten Jünger Jesu und dem Häretiker (oder dem *de facto*-Apostaten) ist nicht immer klar, weil sich der Mensch ständig verändert und nicht auf einen einzigen Aspekt reduziert werden kann. Newman sieht den Unterschied im Gewissen:

> Christus wohnt im Gewissen des einen, aber nicht im Gewissen des anderen, so dass der eine sein Herz für Gott öffnet, der andere aber nicht; für den einen ist der allmächtige Gott ein zufälliger Gast, für den anderen ist er der Herr und Besitzer von allem, was er ist; der eine lässt ihn mal für eine Nacht ein oder für eine gewisse festgesetzte Jahreszeit, der andere übergibt sich Gott und sieht sich als der Diener und als Instrument Gottes, jetzt und für immer.[28]

Aber was passiert, wenn das Bollwerk und das Zeichen des Widerspruchs selbst zum Instrument der Deformation des Gewissens wird? Wenn seine universale Barmherzigkeit gegenüber dem Sünder zu einer Parodie verkommt und zur

---

[28] John Henry Newman, *Parochial and Plain Sermons,* Vol. V, Sermon 16, 25.12.1837, „Christ Hidden from the World"

Empathie für die Sünde wird? Wenn seine Stimme schwach wird und den Menschen nicht mehr hinaufruft, um zu seinem wahren Selbst zu werden?

Die Heilige Schrift warnt nachdrücklich davor:

Da suchte ich unter ihnen einen Mann, der eine Mauer baut oder für das Land in die Bresche springt und mir entgegentritt, damit ich es nicht vernichten muss; aber ich fand keinen. Darum schütte ich meinen Groll über sie aus. Ich vernichtete sie im Feuer meines Zorns. Ihr Verhalten lasse ich auf sie selbst zurückfallen – Spruch Gottes, des Herrn (Ez 22,30-31).

Und das sind die Worte Jesu:

An den Engel der Gemeinde in Sardes schreibe: So spricht Er, der die sieben Geister Gottes und die sieben Sterne hat: Ich kenne deine Werke. Dem Namen nach lebst du, aber du bist tot. Werde wach und stärke, was noch übrig ist, was schon im Sterben lag! Ich habe gefunden, dass deine Taten in den Augen meines Gottes nicht vollwertig sind. Denk also daran, wie du die Lehre empfangen und gehört hast! Halte daran fest und kehr um! Wenn du aber nicht aufwachst, werde ich kommen wie ein Dieb und du wirst bestimmt nicht wissen, zu welcher Stunde ich komme (Offb 3,1-3).

Diese Warnungen werden uns hart, autoritär und lieblos vorkommen, wenn wir die Echtheit dieser Stimme nicht erkennen:

Wenn ich aber mit dir rede, werde ich deinen Mund öffnen. Dann sag zu ihnen: So spricht Gott, der Herr. Wer hören will, der höre, wer nicht hören will, der lasse es; denn sie sind ein widerspenstiges Volk" (Ez 3,27).

Wenn Christus selbst zu uns sagt, dass wir Buße tun müssen, damit wir nicht verlieren, was uns gegeben wurde – und was ist das für ein riesiger Verlust! – können wir dann nicht das süße Feuer der Liebe darin spüren? Können wir die Dringlichkeit seiner Worte nicht als die leidenschaftliche Sorge des Hirten hören und nicht als die Rachsucht eines Autokraten?

Wenn wir diese brennende Liebe nicht hören können, was ist dann mit uns geschehen? Haben wir den heiligen Boden Gottes betreten, ohne die Sandalen auszuziehen? Haben wir angenommen, Gott sei dafür da, uns nach unseren Maßstäben zu dienen? Haben wir uns bewusst oder unbewusst über die Ansprüche der göttlichen Offenbarung gestellt, die uns der Erlöser gegeben und in zwei Jahrtausenden immer tiefer ausgeformt hat durch Märtyrer, große Theologen, Pfarrer, Lehrer und demütige Heilige, „die Kleinen und die Großen" (Offeb 11,18), durch eine Wolke der Zeugen? Haben wir angenommen, dass wir an der Spitze einer neuen und besseren Offenbarung stehen? Haben wir uns dazu verleiten lassen, uns selbst für die fortschrittlichste Generation von Christen zu halten, die besten Interpreten des Gesetzes und der Propheten – und von Jesus selbst? Falls das so ist, dann sind wir zu Neognostikern geworden, den „Wissenden", ohne zu erkennen, dass wir „erbärmlich, arm, blind und nackt" sind (Offb 3,17).

Die neuen Pharisäer

Der Katechismus der Katholischen Kirche definiert Häresie wie folgt:

> Häresie nennt man als die nach Empfang der Taufe erfolgte beharrliche Leugnung einer mit göttlichem und katholischem Glauben zu glaubenden Wahrheit oder einen beharrlichen Zweifel an einer solchen Glaubenswahrheit.[29]

Machen wir uns nichts vor: Der zunehmende Glaubensabfall in unserer Zeit kann nur zum Teil der beispiellosen Macht der säkularen Kräfte zugeschrieben werden. Die eigentliche Ursache sind die Häresien, die in der Kirche um sich greifen, eine neue Art von Pharisäertum, das den Glauben entleert und ihm die Kraft und die Sinnerfüllung nimmt. So entsteht ein psychologisches/spirituelles Milieu, in dem der Geist des Antichrist zunehmend Kontrolle über die Wahrnehmung, die Gedanken und das emotionale Leben der Menschen erlangt. Hier liegt die Ursache, warum es jetzt möglich wird, dass der „Mensch der Gesetzwidrigkeit", der Antichrist, tatsächlich auf den Plan tritt.

Das vorherrschende Problem der Kirche des Westens in diesem geschichtlichen Augenblick ist ein Pharisäertum, das mit korrumpierter Moraltheologie und ungeordneter Ekklesiologie einhergeht. Falsche Lehrer machen die Menschen glauben, sie wären die Rechtgläubigen, auch wenn

---

[29] KKK 2089. Kodex des Kanonischen Rechts CIC. 751.

sie selbst im Bereich der Sexualmoral und anderer gravierender Gebote in Sünde leben oder lehren, dass solche Sünden keine Todsünden wären und kein Hinderungsgrund für den Empfang der Sakramente. Sie fühlen sich gerechtfertigt durch ihren Glauben an ein neues Evangelium der sozialen Gerechtigkeit – und zwar eine sehr selektive, soziale Gerechtigkeit –, das die Fülle des Evangeliums auf eine falsche Entweder/Oder-Wahl reduziert: Du bist entweder ein liberaler Dissident („liebevoll und barmherzig") oder du bist ein „Pharisäer", ein griesgrämiger Legalist. Die neuen Pharisäer machen Frieden mit ihrer persönlichen Sünde, weil sie sich einreden, sie würden die Forderungen des Evangeliums dadurch erfüllen, dass sie den Armen helfen. Aber sobald jemand ihre Scheinheiligkeit aufdeckt und ihre moralischen Kompromisse in Frage stellt, schießen sie um sich und zeigen mit dem Finger auf jeden, der ihrer Agenda im Weg steht; sie dämonisieren die Stimme der Wahrheit, indem sie ihre Kritiker mit den gesetzestreuen Heuchlern in den Evangelien gleichsetzen. Tatsache ist, dass der neue Pharisäer nicht nur „das Wichtigste" (Mt 23,23) vernachlässigt, sondern es sogar aktiv unterminiert und im schlimmsten Fall zum Tod von Unschuldigen beiträgt. Und das tut er – welch schreckliche Ironie! – indem er sich auf die Barmherzigkeit beruft.

In der zunehmenden Verwirrung unserer Zeit, der wir alle ausgesetzt sind, ist es notwendig, sich nüchtern zu fragen, was Jesus eigentlich gemeint hat, als er die Pharisäer seiner Zeit so scharf zurechtgewiesen hat. Dies sind die wichtigsten Stellen: Mt 23,1-39; Mk 7,1-13; Mk 12,35-40; Lk 11,37-54; Lk 20,45-47 (vgl. auch Joh 9,1-41).

In jeder dieser Passagen konfrontiert Jesus die Pharisäer mit ihrer Scheinheiligkeit und Heuchelei – ihre tugendhafte Fassade bei innerer Verderbtheit, Gier und bösen Gedanken. Sie „schnüren schwere Lasten zusammen und legen sie den Menschen auf die Schultern (Mt 23,4), aber vernachlässigen dabei „das Wichtigste", „Gerechtigkeit, Barmherzigkeit und Treue" (Mt 23,23). Diese harten Worte Jesu können nur im Zusammenhang richtig verstanden werden.

Ein Schriftgelehrter hatte ihrem Streit zugehört; und da er bemerkt hatte, wie treffend Jesus ihnen antwortete, ging er zu ihm hin und fragte ihn: Welches Gebot ist das erste von allen? Jesus antwortete: Das erste ist: Höre, Israel, der Herr, unser Gott, ist der einzige Herr. Darum sollst du den Herrn, deinen Gott, lieben mit ganzem Herzen und ganzer Seele, mit all deinen Gedanken und all deiner Kraft. Als zweites kommt hinzu: Du sollst deinen Nächsten lieben wie dich selbst. Kein anderes Gebot ist größer als diese beiden (Mk 12,28-31).

Es ist klar, was Jesus hier lehrt: Den Nächsten wirklich zu lieben, beruht auf der vorbehaltlosen Treue zu den göttlichen Geboten. Wenn das nicht gegeben ist, dann verkommt die angebliche Gerechtigkeit des alten Pharisäers zur Gesetzlichkeit ohne Liebe und die angebliche Barmherzigkeit des neuen Pharisäers wird zu einem oberflächlichen Gefühl, zur Selbstrechtfertigung und Überheblichkeit. Wenn Liebe nicht an die bedingungslose Treue zu Gottes Geboten gebunden ist, dann wird sie bald zu oberflächlicher Freundlichkeit, die langfristig zur Grausamkeit führt. In Mk 7,1-13 rügt Jesus die Pharisäer, weil sie Gottes Gebote missachten, aber über das penible Einhalten ihrer von Menschen gemachten Gesetze wachen. Sie erlauben, dass jemand seine alten Eltern vernachlässigt, weil er dem Tempelschatz eine Spende gegeben hat. In Mt 23,15 sagt Jesus, dass sie ihre Konvertiten zu Söhnen der Hölle machen, die doppelt so schlimm sind wie sie selbst.

Auf der anderen Seite ruft Jesus zur wahren Barmherzigkeit auf. Er sagt: „Wenn dein Bruder sündigt, weise ihn zurecht; und wenn er sich ändert, vergib ihm. Und wenn er sich siebenmal am Tag gegen dich versündigt und siebenmal wieder zu dir kommt und sagt: Ich will mich ändern!, so sollst du ihm vergeben" (Lk 17,3-4). Oder denken wir an seinen Umgang mit der Ehebrecherin. Die Pharisäer hätten sie verurteilt und zu Tode gesteinigt. Nachdem Jesus ihr Gewissen beschämte und sie hinderte, ihre böse Absicht auszuführen, sagte er zu der Frau: „Auch ich verurteile dich nicht. Geh und sündige von jetzt an nicht mehr" (Joh 8,2-11).

In diesen und vielen anderen Beispielen im Neuen Testament, beruhend auf dem Alten Testament, scheut sich Jesus nicht, die Sünder zurechtzuweisen und sie zur Umkehr und Buße zu rufen, denn er wusste, dass *Reue* die Vorraussetzung dafür ist, die Gnade der Vergebung zu empfangen, die uns aus der Sklaverei der Sünde befreit. Es ist die Wahrheit, die uns befreit, sagt der Herr (Joh 8,32).

Die alten Pharisäer wachten darüber, dass die kleinsten Vorschriften ihrer Gesetze eingehalten wurden. Sie waren schnell dabei, die Schwachen zu verurteilen und alle zu verdammen, die ihre strengen Regeln nicht halten konnten.

Sie waren meist herzlos und ohne Mitgefühl – wie „Gräber, die außen weiß angestrichen sind und schön aussehen; innen aber sind sie voll Knochen, Schmutz und Verwesung" (Mt 23,27). Das machte sie letztlich blind und brachte sie dazu, den Urheber des Lebens zu foltern und hinzurichten.

Man kann nicht leugnen, dass es in unserer Zeit noch Überreste dieses alten Pharisäertums gibt. Aber ein weit größeres Problem in der heutigen liberalisierten Kirche des Westens ist der unablässig wiederholte Refrain, die wahre Todsünde sei die „Intoleranz" und damit ist gemeint, dass sich jemand durch unsere Worte unwohl fühlt. Hand in Hand damit geht die ständige Verunglimpfung jener, die in Fragen der Lehre und Liturgie korrekt sind. Sie werden als starr und leblos hingestellt.

Es versteht sich von selbst, dass jene Pfarrer und Laien, die an der überlieferten Lehre und Liturgie festhalten, denen es aber an Güte und missionarischem Eifer fehlt, die selbstgerecht sind und denen das Seelenheil anderer eher gleichgültig ist, in Gefahr sind, zum „Sauerteig der Pharisäer" zu werden. Aber jeder aufrichtige Christ ist wachsam gegenüber seinem eigenen Potential an Pharisäertum, wie er ja auch vor den Versuchungen zur Sünde auf der Hut ist. Er weiß, dass er ohne die Gnade Jesu im Gleichnis vom Verlorenen Sohn sowohl der ältere Bruder wäre wie der jüngere.

Sagt der Herr mit diesem Gleichnis nicht zu uns allen: Meine Kinder, nehmt euch in Acht, dass ihr nicht wie der ältere Sohn werdet, denn dann lauft ihr Gefahr, selbst zu Heuchlern zu werden?

Und ruft der Herr nicht jede einzelne Seele immer erneut zur Umkehr auf? „Bereue deine Sünden! Komm zu mir und lebe!" (Jes 55,3; Ez 33,11; Joh 14,6)?

Schweigen und Lähmung

Die Katholiken in Nordamerika und Westeuropa leben in fast schizoiden Kirchen: Sie verdammen das Pharisäertum, rufen uns aber nicht zur Reue und Umkehr und damit zum Leben. Sehr viele Diözesen, Gemeinden und Orden vertreten die falsche Auffassung, es gebe eine Spaltung zwischen Geist und Herz und einen Widerspruch zwischen Wahrheit und Barmherzigkeit. Gerechtigkeit und Barmherzigkeit sind zu relativistischen, freischwebenden Begriffen geworden, losgelöst von dem, der Gerechtigkeit und Barmherzigkeit in Person ist. Die kirchliche Lehre und die pastorale Praxis müssen nicht mehr übereinstimmen und die authentische Ausübung geistlicher Autorität wird als autoritär gebrandmarkt. Die massive Unterminierung der Botschaft der Evangelien durch dissidente Theologen und ihre Schüler richtet bei weitem mehr Schaden an als die Fehler der frommen Gesetzestreuen, die nur noch eine verschwindend kleine Minderheit sind.

Jahrzehnt um Jahrzehnt haben wir die fortschreitende Umwandlung unserer Kirche entsprechend einer falschen Interpretation des Zweiten Vatikanischen Konzils miterleben müssen, die Auflösung der Liturgie in ein auf den Menschen fokussiertes soziales Ritual; wir mussten mitansehen, wie die großartigen Lehren unserer früheren Päpste ignoriert oder zurückgewiesen, abgewandelt oder falsch angewendet wurden. Wir, die wir als einfache Gemeindemitglieder in diesen Kirchen leben, haben erlebt, wie die glaubenstreuen Katholiken an den Rand gedrängt wurden, haben zahllose Predigten gegen das „Pharisäertum" der Rechtgläubigen schweigend über uns ergehen lassen, haben aber in den meisten Diözesen so gut wie keine solide Glaubensunterweisung von den Kanzeln erhalten. Auch wenn viele ihre geistige Nahrung abseits der Gemeindestrukturen suchen, in ihrem Gebetsleben, geistlicher Lektüre, Laienbewegungen oder Bibelgruppen, so empfängt die große Mehrheit der Gläubigen doch keine geistliche Formung im Glauben und bleibt spirituell unterernährt wie Schafe ohne Hirten.

Mit einer neuen Generation von apostolischen Bischöfen und Priestern verbessert sich die Situation in manchen Gemeinden, aber es ist noch ein sehr langer Weg, bevor es zu einer echten Erneuerung kommen wird. Treue Katholiken opfern ihre Leiden für genau die Personen auf, die sie verursachen – für die Reinigung und Stärkung des Leibes Christi in unserer Zeit. Inmitten des Glaubensabfalls in den eigenen Gemeinden und dem feindlichen sozialen und politischen Umfeld unserer Nationen, die sich der Antilife- und der Antifamilienpolitik weitgehend unterworfen haben, bemühen sie sich, beides in Einheit zu leben, *veritas* und *caritas*.

Angesichts des unaufhaltsamen Fortschreitens dieser Entwicklung über die Jahrzehnte fühlen sich die treuen Katholiken eher wie eine geschlagene Minderheit und nicht wie eine selbstgerechte „Elite". Sie wissen, dass sie Sünder sind. Sie wissen, dass sie der Barmherzigkeit Gottes bedürfen. Und gerade deswegen wissen sie, wie nötig sie die Lehre der Kirche und die unverkürzte Botschaft des Evangeliums brauchen, um ein echtes geistliches und sakramentales Leben zu führen. Sie bedürfen der Anbetung Gottes, wofür der Mensch geschaffen ist, denn nur so gewinnen sie die innere Stärke, den Nächsten zu lieben wie sich selbst.

Die Pharisäer der alten Art, die mir in meinem Leben begegnet sind, kann ich an einer Hand abzählen. Aber ich kenne einige Hundert liebende, opferbereite, heroische Personen, die andere nicht verurteilen, die aber nur deswegen, weil sie dem überlieferten Glauben treu sind, als Bedrohung für die „Einheit" ihrer Gemeinde angesehen werden. Ohne zu provozieren, werden sie oft zu Sündenböcken und Blitzableitern für die Ängste und Bosheiten anderer. Sie üben keine Vergeltung und doch sind sie es, die negativ beurteilt werden. Wenn sie zuweilen gegen Irrlehren, die im Haus Gottes gelehrt wurden, gegen Sakrilegien und Ungehorsam gegenüber der universalen Gottesdienstordnung der Kirche protestieren, dann tun sie es persönlich und bemühen sich um Freundlichkeit. Die Kirche lehrt, dass es nicht nur ihr Recht, sondern ihre Pflicht ist, das zu tun.[30] Fast immer begegnet man ihnen mit irrationalem Ärger oder bestenfalls mit Gleichgültigkeit. Wenn sie lange genug unter den negativen Folgen ihrer Bemühungen gelitten

---

[30] „Entsprechend ihrem Wissen, ihrer Zuständigkeit und ihrer hervorragenden Stellung haben [die Laien] das Recht und bisweilen sogar die Pflicht, ihre Meinung in dem, was das Wohl der Kirche angeht, den geistlichen Hirten mitzuteilen und sie unter Wahrung der Unversehrtheit des Glaubens und der Sitten und der Ehrfurcht gegenüber den Hirten und unter Beachtung des allgemeinen Nutzens und der Würde der Personen den übrigen Gläubigen kundzutun" (CIC 212, § 3).

haben und keine Verbesserung der Situation eintritt, dann sinkt vielen der Mut, sie ziehen sich zurück und schweigen. Ihr Empfinden von Vergeblichkeit wächst wie ein Krebs im Leib Christi und droht eine Art Lähmung herbeizuführen. Sie sehen sich heimtückischen und destruktiven Taktiken der neuen Pharisäer zur Ausschaltung von Widerstand ausgesetzt. Immer wieder müssen die treuen Gläubigen erfahren, dass man sie des Pharisäertums beschuldigt, wenn sie die Wahrheit verteidigen.

Erinnern wir uns an die Warnung Papst Pauls VI.:

Der Schwanz des Teufels arbeitet am Zerfall der katholischen Welt. Die Dunkelheit des Satans ist eingetreten und verbreitet sich in der ganzen katholischen Kirche, sogar bis zu ihrer Gipfelspitze. Der Glaubensabfall, der Verlust des Glaubens, breitet sich in der ganzen Welt aus und bis in die höchsten Ebenen innerhalb der Kirche.[31]

Und an die Worte der Offenbarung:

Dann erschien ein großes Zeichen am Himmel: eine Frau, mit der Sonne bekleidet; der Mond war unter ihren Füßen und ein Kranz von zwölf Sternen auf ihrem Haupt. Sie war schwanger und schrie vor Schmerz in ihren Geburtswehen. Ein anderes Zeichen erschien am Himmel: ein Drache, groß und feuerrot, mit sieben Köpfen und zehn Hörnern und mit sieben Diademen auf seinen Köpfen. Sein Schwanz

---

[31] Ansprache Pauls VI. am 13. Oktober 1977 zum sechzigsten Jahrestag der Erscheinungen von Fatima

fegte ein Drittel der Sterne vom Himmel und warf sie auf die Erde herab. Der Drache stand vor der Frau, die gebären sollte; er wollte ihr Kind verschlingen, sobald es geboren war (Offb 12,1-4).

Seid also standhaft!

Der heilige Paulus erinnert uns in seinem Brief an die Epheser, dass wir „die Waffenrüstung Gottes" anziehen müssen, wenn wir hoffen wollen, in diesen dunklen Zeiten der Sünde und dem Irrtum, den Häresien und dem Glaubensabfall, aber auch der Wut und der Verzweiflung, mit einem Wort den „listigen Anschlägen des Teufels" zu widerstehen.

Denn wir haben nicht gegen Menschen aus Fleisch und Blut zu kämpfen, sondern gegen die Fürsten und Gewalten, gegen die Beherrscher dieser finsteren Welt, gegen die bösen Geister des himmlischen Bereichs. Darum legt die Rüstung Gottes an, damit ihr am Tag des Unheils standhalten, alles vollbringen und den Kampf bestehen könnt! Seid also standhaft: Gürtet eure Hüften mit Wahrheit, zieht als Panzer die Gerechtigkeit an und als Schuhe die Bereitschaft, für das Evangelium vom Frieden zu kämpfen. Vor allem greift zum Schild des Glaubens! Mit ihm könnt ihr alle feurigen Geschosse des Bösen auslöschen. Nehmt den Helm des Heils und das Schwert des Geistes, das ist das Wort Gottes! Hört nicht auf, zu beten und zu flehen! Betet jederzeit im Geist (Eph 6,10-18).

Diese Ermahnung am Anfang der Kirche ist in unserer Zeit nicht minder dringlich. Wir brauchen sie mehr denn je, denn „der Unglaube der Zukunft" umgibt uns und ist mitten unter uns.

Kommen wir noch einmal auf die am Anfang bereits zitierte Lehre des Katechismus über die letzte Prüfung der Kirche zurück:

Vor dem Kommen Christi muss die Kirche eine letzte Prüfung durchmachen, die den Glauben vieler erschüttern wird. Die Verfolgung, die ihre Pilgerschaft auf Erden begleitet (vgl. Lk 21,12; Joh 15,19-20), wird das Mysterium der Bosheit enthüllen: Ein religiöser Lügenwahn bringt den Menschen um den Preis ihres Abfalls von der Wahrheit eine Scheinlösung ihrer Probleme. Der schlimmste religiöse Betrug ist der des Antichrist, eines falschen Messianismus, worin der Mensch sich selbst verherrlicht statt Gott und seinen im Fleisch gekommenen Messias (vgl. 2 Thess 2,4-12; 1 Thess 5,2-3; 2 Joh 7; 1 Joh 2,18,22).

Dieser gegen Christus gerichtete Betrug zeichnet sich auf der Welt jedesmal ab, wenn man vorgibt, schon innerhalb der Geschichte die messianische Hoffnung zu erfüllen, die nur nachgeschichtlich durch das eschatologische Gericht zu ihrem Ziel gelangen kann. Die Kirche hat diese Verfälschung des künftigen Reiches, selbst in ihrer gemäßigten Spielart, unter dem Namen Millenarismus zurückgewiesen (vgl. *Enchiridion Symbolorum*. 3839), vor allem aber die zuinnerst verkehrte politische Form des säkularisierten Messianismus (*Divini Redemptoris; Gaudium et Spes*. 20-21).

Die Kirche wird nur durch dieses letzte Pascha hindurch, worin sie dem Herrn in seinem Tod und seiner Auferstehung folgen wird, in die Herrlichkeit des Reiches eingehen (vgl. Offb 19,1-9). Das Reich wird also nicht in stetigem Fortschritt durch einen geschichtlichen Triumph der Kirche zustande kommen, sondern durch den Sieg Gottes im Endkampf mit dem Bösen. In diesem Sieg wird die Braut Christi vom Himmel herabkommen. Nach der letzten kosmischen Erschütterung dieser Welt, die vergeht, wird es in Gestalt des letzten Gerichts zum Triumph Gottes über den Aufstand des Bösen kommen.[32]

Der wahre Horizont

Unsere Trauer über den gegenwärtigen Zustand der Kirche, sowohl universal wie lokal, ist immens. Auch wenn diese Trauer über das Verlorengehen so vieler Seelen und über die Beschädigung des Heiligen ganz natürlich ist, dürfen wir uns nicht der Hoffnungslosigkeit hingeben. Unsere größten Versuchungen in dieser Zeit der Verwirrung sind Bitterkeit, Isolation und der Teufel der Rebellion, die sich durch die Hintertür einschleichen und uns sogar ein Schisma als Lösung schmackhaft machen wollen, was aber nur eine Menge neuer Übel mit sich bringen würde. Stattdessen bittet uns der Herr, fest zu stehen wie ein Bollwerk als Zeichen des Widerspruchs gegen die Flut der Täuschung und der Bosheit, ohne Rücksicht auf die Konsequenzen und

---

[32] KKK 675-677

ohne Rücksicht auf „Erfolg" oder „Misserfolg". Der Herr will immer, dass wir tiefer gehen, denn im Innersten ist die Einheit mit ihm. Aber diese Einheit wächst nur durch den Glauben und durch Leiden. Die Erfahrung der Ablehnung, der Verleumdung, der Unfähigkeit oder willentlichen Verweigerung der Hirten, wahre geistliche Väter zu sein und die vielen anderen Störungen im Leib Christi... sie alle sind eine Prüfung für uns, manchmal eine sehr schwere.

Wir müssen uns vor Augen halten, dass die Kirche in ihrer langen Geschichte durch viele Krisen gegangen ist. Zu allen Zeiten ist sie von falschen und heuchlerischen Seelen bevölkert und wird manchmal sogar von ihnen geleitet. Und doch nimmt das Schiff immer wieder Kurs auf und bewegt sich vorwärts. Gott ist immer an der Arbeit, um aus unseren unendlichen Narrheiten das Gute hervorzubringen. So wird er auch heute neue Priester und neue Heilige für unsere Zeit erwecken und das wird wahrscheinlich inmitten großer Bedrängnisse geschehen. Unsere Aufgabe besteht darin, unsere Gedanken und die Regungen unseres Herzens auf den wahren Horizont auszurichten – auf die Kirche als die Braut Christi, die ihrem Bräutigam entgegengeht.

V.

Was also sollen wir tun?

Der Herr kommt. Er ist nahe. Menschliche „Lösungen" wie der Abfall vom Glauben oder ein Schisma verwunden die Braut nur noch mehr, die sich für den Herrn bereiten soll. Wir müssen die Kirche von ganzem Herzen lieben und die Verheißung des Herrn niemals aus den Augen verlieren, dass die Mächte der Unterwelt sie nicht überwältigen werden (Mt 16,18). Aber wir wissen, dass die Hölle mit aller Macht um jede Seele kämpfen wird und wir wie Weizen gesiebt werden.

Wir müssen uns von der Idee trennen, insbesondere wir nordamerikanischen Pragmatiker, dass wir alles in Ordnung bringen können, wenn wir nur genügend Wissen, Fähigkeiten, Werkzeuge, Einfluss, rhetorische Überzeugungskraft und richtige Strategien besitzen. Wir müssen erkennen, dass wir die Übel in der Kirche nicht mit unserer begrenzten menschlichen Kraft überwinden können. Wir selbst können jedoch wiederhergestellt werden, wenn wir mit der Gnade Christi zusammenwirken – durch persönliche Reue und Umkehr, Gebet, die Sakramente, Opfer, Geduld, Durchhalten, Barmherzigkeit und Wahrhaftigkeit und den Glauben, der in diesem abgründigen Feuer geläutert wird. Von Jesus selbst können wir lernen, wann wir vor unseren Anklägern schweigen, wann wir reden sollen, wann wir auf Gott warten und wann wir handeln sollen, wie wir standhaft bleiben und unsere Brüder stärken können.

Wir werden die notwendigen Gnaden empfangen, wenn wir all unsere Leiden zum Kreuz bringen und für die Reinigung und Erneuerung der Kirche aufopfern. Auch wenn die Herzen der Menschen kälter werden und das Geheimnis des Bösen immer mehr zum Himmel schreit, ist unsere Mitarbeit an der messianischen Sendung Jesu nötiger denn je – unser Einsatz für die Rettung der Seelen vor den Mächten der Finsternis durch das Zeugnis unseres Lebens, durch Gebet, Fasten und Opfer. Wie uns Johannes Paul II. in seiner Enzyklika über die Barmherzigkeit Gottes gelehrt hat, hört die göttliche Liebe nie auf, „jedem verirrten Schäflein nachzugehen, selbst wenn es Millionen solcher Verirrungen gäbe, selbst wenn das Unrecht in der Welt überhandnähme gegenüber dem Recht, selbst wenn die Menschheit von heute für ihre Sünden eine neue ‚Sintflut' verdiente".[33] Inmitten der gegenwärtigen Dunkelheit, die zum „Endkampf Gottes mit dem Bösen" führen wird, dürfen wir uns nie von Angst und Mutlosigkeit überwältigen lassen. Wir müssen immer daran denken, dass wir nicht allein sind.

„Seid gewiss: Ich bin bei euch alle Tage bis zum Ende der Welt" (Mt 28,20).

Leben wir unser Leben so, als wäre der Herr wirklich bei uns? In meiner eigenen Gewissenserforschung habe ich im-

---

[33] Johannes Paul II., *Dives et Misericordia, Über das göttliche Erbarmen,* Rom 1980, 15

mer mehr erkannt, in welchen Bereichen meines Lebens ich dem Geist der Welt nicht widerstehe. Ich stelle mir die Frage: Wo hätte ich mehr Mut haben müssen? Wo habe ich einen Kompromiss gemacht? Obwohl ich mich für einen guten Katholiken halte, der danach strebt, im Stande der Gnade zu bleiben, täglich zur Heiligen Messe geht und viel betet – bin ich im Tiefsten meines Herzens wirklich bereit, alles für Jesus hinzugeben? Bin ich bereit, in jedem Augenblick zu sagen: „Mein Leben gehört dir. Tu damit, was du willst"?

Das kann unendlich viele Formen annehmen. Vielleicht will Jesus von dir, dass du in den kommenden zehn Jahren Windeln wechselst und diese bescheidene Aufgabe mit den Opfern des Herrn verbindest; es kann heißen, dass du die Wahrheit tapfer aussprechen musst, wenn du mit den Lügen konfrontiert wirst, die das heutige Bewusstsein beherrschen. Wie immer deine Lebenssituation sein mag, du wirst viele Prüfungen durchmachen müssen, die bedeuten können, dass deine Karriere beeinträchtigt wird oder sogar deine eigenen Pläne, Gutes in der Welt zu tun, verlangsamt oder vereitelt werden.

Wenn du feststehst, wenn du treu bleibst, sei deine Aufgabe nur „klein" oder „groß", wirst du viele gute Früchte hervorbringen, wenn auch nicht zu deinen Bedingungen. Die Vorstellung von klein und groß, von bedeutend und unbedeutend, sind im modernen Denken im Allgemeinen verdreht und die falschen Kriterien werden von Gläubigen ebenso geteilt wie von Nichtgläubigen. Im Lobgesang des elften Kapitels der Offenbarung verherrlichen alle die Heiligste Dreifaltigkeit, „die Kleinen und die Großen" (Offb 11,15-18). Aber wer sind die Kleinen und die Großen? Wenn wir uns bewusst machen, was Christus uns gelehrt hat, dann muss das Große, von dem hier die Rede ist, nach menschlichen Maßstäben keineswegs groß sein und das Kleine nicht klein.

Größe hat nichts damit zu tun, dass der eigene Name auf einem Buchdeckel steht oder dass man Einfluss in der Welt hat. Echte Größe kann bedeuten, dass man niedrige und demütigende Aufgaben ausführt und nur Gott sieht, was man tut. Solche Aufgaben lassen den Kern des Egoismus in unserer menschlichen Natur sterben. Ein Leben der Verborgenheit, der Anonymität, der Bedeutungslosigkeit wird dich, wenn du es in Einheit mit Christus führst, eines Tages durch die Pforten des Paradieses führen und du wirst zu deinem Erstaunen feststellen, dass du in den Augen des Vaters groß bist. Denn der Vater liebt dich mit einer Liebe, die du nicht erahnen kannst und er sieht in dir das Bild seines Sohnes.

Wenn wir die verschiedenen Stufen der Apokalypse durchleben, dann wird unser Weg durch diese radikale Dunkelheit nicht von der „Größe" unseres menschlichen Status oder unserer Kraft abhängen, nicht von Landkarten, Plänen und Überlebensausrüstung. Er darf nie von dem Bestreben bestimmt sein, uns selbst zu retten. Unsere Rettung im letzten Kampf gegen den Leib Christi beruht nicht darauf, dass wir den Glaubenssätzen der Kirche rational zustimmen – auch wenn dies ein wesentlicher Teil unseres Glaubens ist. Selbst wenn man den Katechismus auswendig kann und jeder Aussage zustimmt, ist das zwar lobenswert, aber nicht genug. Das Entscheidende an unserem Glauben ist die Einheit mit Jesus Christus, hier in dieser Welt und für alle Ewigkeit. Wenn wir getauft sind, dann leben wir bereits in dieser *communio*, welche die Kirche die Gemeinschaft der Heiligen nennt.

Der furchtbare Geist des Antichrist versucht diese Einheit zu zerstören. Er versucht, grauenhafte Isolation zu erzeugen, uns von anderen Seelen zu trennen, uns aus der Herde herauszureißen und uns immer tiefer in ein Gefühl unheiliger Verlassenheit hineinzutreiben, in dem wir so viel leichter verwirrt, entmutigt und neutralisiert werden können. Sobald wir von Gefühlen der Einsamkeit und der Schutzlosigkeit überwältigt werden, suchen wir instinktiv nach menschlichen Hilfsquellen: Wir greifen nach dem nächstliegenden Mittel, das uns ein Gefühl von Kontrolle gibt und versuchen, uns eine Insel der Sicherheit zu schaffen. Wenn ich nur genügend Geld hätte, Einfluss oder Macht! Alle möglichen Mittel fallen uns ein, wie wir uns ein wenig mehr Sicherheit verschaffen können. Das müssen gar keine schlechten Dinge sein, aber wir vergessen nur allzu leicht die entscheidende Frage, die sich jeder von uns in dieser Zeit der besonderen Gnade und Barmherzigkeit stellen muss: Worauf setze ich mein letztes Vertrauen? Baue ich auf falsche Sicherheiten? Verbeuge ich mich vor Götzen, ohne es überhaupt zu bemerken?

In seinem Werk *Über das Ende der Zeiten* sagt Josef Pieper, jeder ohne Ausnahme werde während der Herrschaft des Antichrist geprüft, und die Christen sähen sich mit allen Mächten der Welt konfrontiert, die gegen sie in Stellung gebracht werden. So wie in den Tagen, als Jesus auf der Erde lebte, Herodes und Pilatus, die Pharisäer und die Sadduzäer Bündnisse auf Grund der gemeinsamen Feindschaft gegen Christus eingingen, so werden sich auch alle Mächte dieser Welt gegen die Kirche verbünden. Wie Josef Pieper sagt: „Der ‚Weltfeind' wird die Kirche sein."

Die innergeschichtlich letzte Gestalt des Verhältnisses Staat–Kirche wird nicht die ‚Auseinandersetzung' sein, auch nicht eigentlich der ‚Kampf', sondern die Verfolgung, das heißt die Bekämpfung von Unmächtigen durch die Macht. Die Verwirklichungsweise des Sieges über den Antichrist aber ist ein Blutzeugnis."[34]

Nicht weniger als alles wird von uns verlangt werden bis hin zum Vergießen unseres Blutes, dem Martyrium als äußerstem Zeugnis. Pieper sagt, nichts wäre natürlicher, als vor einer solchen Aussicht zu erschrecken, und nichts verständlicher als der Wunsch, solche Gedanken zu vertreiben. Wenn wir aber standhalten wollen unter den zukünftigen Prüfungen, dann müssen wir uns jetzt vorbereiten. Zu dieser Vorbereitung muss eine nüchterne Einschätzung der eigenen Stärken und Schwächen gehören. Auch wenn wir sehr mutig sein mögen, müssen wir doch wissen, dass Mut eine natürliche, menschliche Tugend ist und dass unter dem furchtbaren Angriff des Antichrist selbst der Tapferste ins Wanken kommen und fallen kann. Was wir am nötigsten brauchen, ist die göttliche Tugend der Hoffnung.

---

[34] Josef Pieper, *Über das Ende der Zeit. Eine geschichtsphilosophische Betrachtung*, Butzon & Bercker, Kevelaer, 2014, S. 103f. (Originalausgabe Kösel, 1950).

In dem Maß, in dem wir unsere Hoffnung auf irgendetwas anderes als Christus selbst gegründet haben, sind wir in Gefahr, verwirrt und überwältigt zu werden: Wir werden zögern, schwanken, in Angst verfallen und uns immer weiter von der Herde entfernen, werden uns entmutigen lassen und schließlich in der Verzweiflung landen. War nicht auch das Volk Gottes beim Pascha und Exodus solch einer Prüfung ausgesetzt? Auch wir werden überzeugende Argumente finden, warum wir Christus auf dem Kreuzweg nicht nachfolgen sollten, der Feuersäule des Neuen Bundes. Die Lehre der Kirche spricht hinsichtlich des Endes vom „letzten Pascha". Warum meinen wir, dass wir auf unserem Pilgerweg zum ewigen Land der Verheißung nicht ebenso geprüft werden wie unsere Vorfahren in der Wüste? Und was spricht dafür, dass wir uns anders verhalten werden?

Trotz der unglaublichen Wunder, die vor den Augen der Hebräer geschehen waren, der Züchtigung der Ägypter, der Teilung des Roten Meeres, der Feuersäule und des Mannas vom Himmel, fielen sie doch immer wieder in Versuchung und verloren ihren Glauben. Und was war ihr Angstschrei in der Wüste? „Hast du uns aus Ägypten herausgeführt, damit wir hier sterben?" Ist das nicht auch unser eigener Schrei, wenn unsere persönliche Situation ins Wanken gerät und der Boden unter unseren Füßen schwankt? Rufen wir dann vorwurfsvoll: „Wo bist du, Gott!? Hast du uns verlassen?!" Das wird unsere Antwort sein, wenn wir unsere Hoffnungen nur auf die Tröstungen und den Segen Gottes gründen und nicht auf die Einheit mit ihm, einschließlich der Einheit am Kreuz. Wenn wir nur nach den Sicherheiten des Glaubens verlangen, was tun wir dann, wenn diese wegbrechen? Werden wir dann in Trübsal verfallen, abtrünnig werden und uns weigern zu lernen, was er uns lehren will und zu gehen, wohin er uns führen will, und zu tun, was er durch uns tun will? Das ist unsere Prüfung! Niemand wird sich ihr entziehen können. Denn das ist der einzige Weg zu wahrer und ewiger Freiheit.

Was also sollen wir tun, wenn wir dort draußen in der Wüste sind, wo alle Sicherheiten wegfallen und wir den Gefahren der menschlichen Existenz nackt ausgesetzt sind? Die Antwort finden wir in zahlreichen Stellen der Schrift, eine davon, die ich oft lese und bete, ist eine Zeile aus dem Psalm 56:

An dem Tag, an dem ich mich fürchten muss, setze ich auf dich mein Vertrauen.

Es lohnt sich, den ganzen Psalm zu betrachten, denn er stammt von König David, der wusste, was es heißt, Mensch zu sein, vor der offensichtlichen Übermacht des Gegners zu zittern und die Zerbrechlichkeit des Geschöpfes in jeder Faser seines Seins zu fühlen. Er war Goliat mit nichts weiter als einer kleinen Schleuder, fünf Steinen und seinem Glauben entgegengetreten. Später musste er mit zahlreichen anderen Feinden kämpfen, von denen die eigene Versuchbarkeit durch die Sünde nicht der geringste war. Aber immer und immer wieder hat er sich zu Gott gewandt und hat so gelernt, niemals den Mut zu verlieren.

Vertrauen stellt sich nicht automatisch ein, es wächst mit der Übung. Wir können sofort damit beginnen, in welcher Situation wir uns auch befinden mögen, im normalen Alltag oder in außergewöhnlichen Prüfungen des Lebens. Jeder von uns kommt in solche Situationen und für jeden sind sie eine Gelegenheit, den Herrn anzurufen, dass er uns stärken möge, auf dass wir unsere Gedanken und die Bewegungen unseres Herzens auf ihn ausrichten.

Ich finde es hilfreich, in scheinbar ausweglosen Situationen den Herrn im Voraus dafür zu loben und zu preisen, wie er mich durch die gegenwärtige Prüfung führen wird. Ich bete den Lobgesang der drei Jünglinge im Feuerofen in Babylon (Dan 3,26-45). Das ist ein Hymnus von großer Schönheit, der unter den denkbar widrigsten Umständen gesungen wird. Solche Gebete, die in einer hoffnungslosen Situation gesprochen werden, sind ein Schatz in den Augen Gottes und er wird jene, die sie beten, nicht enttäuschen. Aber wir müssen uns entscheiden und darin üben, sie zu beten.

Athleten trainieren ihre Muskeln und ihre Ausdauer und auch wir können unser Vertrauen auf Gott trainieren. Wir müssen uns immer wieder daran erinnern, dass er uns mit jeder Gnade überfluten will, die wir für das innere Wachstum brauchen, für die Arbeit in der Tiefe der Seele, für die Reifung in ihm. Die Schwierigkeiten des Alltags und die großen Prüfungen des Lebens sind die Situationen, in denen wir am besten lernen können zu vertrauen. Der Herr liebt uns, das dürfen wir niemals vergessen. Auch die Heiligen lieben uns und halten ständig für uns Fürbitte. Ihre Gebete für uns und die Hilfe der heiligen Engel werden stärker, je mehr wir sie brauchen. Aber sie werden uns nichts aufzwingen und so müssen wir die Gewohnheit entwickeln, um die Hilfe des Himmels zu bitten und uns auf sie zu verlassen.

Wir, die wir nicht in Diktaturen leben, befinden uns gegenwärtig in einem geschichtlichen Augenblick, in dem wir diese tiefen Lektionen des Herzens, der Seele und des Geistes ohne große äußere Widerstände lernen können. Für die verfolgten Christen gießt der Himmel besondere Gnaden aus, aber auch für uns, die wir noch nicht extremen Prüfungen ausgesetzt sind, gibt es viele Zugänge zur Gnade. Insbesondere müssen wir uns mit erneuter Entschiedenheit der Heiligen Eucharistie zuwenden. Wir können Unsere Liebe Frau bitten, eine größere Rolle in unserem Leben zu spielen, indem wir uns selbst und unsere Familie ihrer mütterlichen Fürsorge anvertrauen und uns ihr weihen. Und wir können die Gewohnheit entwickeln, regelmäßig die Heilige Schrift zu lesen und zu betrachten.

Suchen wir nach Wegen, wie wir zur Neuevangelisierung beitragen können, denn bis zum Ende der Zeiten (ob das nun in tausend oder in wenigen Jahren sein wird) will Gott alle Seelen zu sich nach Hause bringen. Das ist nicht die Zeit, die Welt aufzugeben, sondern Hoffnung in die Welt zu bringen. Wir müssen beide Versuchungen vermeiden, einen falschen Optimismus und einen angsterfüllten Pessimismus. Christen sind die wahren Realisten. Sie können der Wirklichkeit dieses finsteren Zeitalters ins Gesicht sehen und darin den nahenden Sieg Christi erkennen. Aber auch das braucht Übung.

Wissen, so lehrt der heilige Thomas von Aquin, ist in sich gut. Wissen wird uns aber nicht retten. Es ist heiliges Wissen, das uns hilft, die Zeichen der Zeit zu erkennen. Die

Furcht des Herrn ist der Weisheit Anfang. Er allein ist allwissend, er allein kennt den Tag und die Stunde, wann der Menschensohn wiederkommen wird. In jeder Generation muss sich jeder, der über apokalyptische Themen nachdenkt, vor zwei Versuchungen hüten: Gleichgültigkeit auf der einen Seite und Panikmache auf der anderen Seite. Sie sind zwei Seiten derselben Münze, nämlich der bewusste oder unbewusste Versuch, sich den tiefsten Anforderungen des Glaubens zu entziehen.

Christus ruft jede Generation auf: „Wacht und betet!" Gott möchte vor allem anderen, dass wir an seinen künftigen Sieg glauben und getragen von diesem Glauben auf das „leise Säuseln" des Heiligen Geistes hören so wie der Prophet Elija. Auf diese Weise werden wir zur rechten Zeit wissen, was wir wissen müssen. Die Annahme, wir könnten im Vorhinein die symbolischen Prophetien dekodieren und uns eine Art Wegweiser durch die Apokalypse zurechtlegen, führt zu einer Schwächung unserer Unterscheidungsfähigkeit und unserer Offenheit für die Führung durch den Heiligen Geist und die Engel. Das wiederum hat zur Folge, dass wir uns entweder der Tyrannei unheiliger Ängste unterwerfen oder ein falsches Vertrauen auf uns selbst setzen – zwei Reaktionen, die uns beide anfälliger machen für die Täuschungen des Widersachers.

Dass der Geist des Antichrist unter uns ist, ist offensichtlich – das war er von Anfang an. Aber gewiss ist auch, dass der wirkliche Antichrist kommen wird, eine Person, die den diabolischen Geist verkörpern und den totalen Krieg gegen all jene führen wird, die Jesus nachfolgen. Könnte „der Mensch der Gesetzwidrigkeit, der Sohn des Verderbens" bereits unter uns sein, ohne sich ganz offenbart zu haben? Ich weiß es nicht, aber ich halte es für möglich. Wenn er hervortritt, wird er dann aus dem Gebiet des früheren Römischen Reiches kommen, wie der selige John Henry Newman und einige Kirchenväter angenommen haben? Vergessen wir nicht, welch riesige Ausdehnung das Römische Reich hatte über einen Großteil Europas bis nach Kleinasien und Nordafrika. Es umfasste zahlreiche Rassen und Religionen. Wird der Antichrist, wenn er kommt, seinen wahren Ursprung offenbaren? Wird er ein ungläubiger Jude sein, wie einige Kirchenväter glaubten oder ein vom Glauben abgefallener Christ oder ein Abkömmling des militanten Islam? Wird er aus den finstersten Nischen des neuen Heidentums hervortreten? Wird er aus Russland kommen oder aus China, wie manche spekulieren? Und wie vorausschauend war G. K. Chesterton, der meinte, der Antichrist käme vermutlich eher aus Manhattan als aus Moskau?

Wir sollten uns an die Warnung des heiligen Johannes erinnern, dass „viele Antichriste" gekommen sind (1 Joh 2,18), und: „Wer ist der Lügner – wenn nicht der, der leugnet, dass Jesus der Christus ist? Das ist der Antichrist, wer den Vater und den Sohn leugnet" (1 Joh 2,22-23). Es kann durchaus sein, dass die großen, antichristlichen Kräfte, die gegenwärtig in der Welt am Werk sind, eine entscheidende Rolle für das Auftreten des eigentlichen Antichrist spielen. Sie tun dies, indem sie die Zivilisation weiter destabilisieren und so die äußeren Bedingungen und den inneren psychologischen Kosmos schaffen, die den Menschen anfällig machen für den neuen „Messias". Das erreichen sie durch die verschiedensten Kombinationen von Erosion und frontaler Attacke – indem wir verführt werden durch Lügen, Schmeichelei und unablässige Propaganda und die erbarmungslose Revolution, welche die moralischen Grundlagen des Westens zerstört.

Wir müssen aufwachen und die Welt mit klarem Blick wahrnehmen. Aber wir müssen lernen, dies ohne Angst zu tun. Das ist nur dann möglich, wenn unser Leben auf Glauben, Hoffnung und Liebe gegründet ist und wir Gott lieben „mit ganzem Herzen, mit ganzer Seele und mit ganzer Kraft und unseren Nächsten wie uns selbst". Wir wachsen in diesen Tugenden, wenn wir uns immer wieder zum Licht wenden, nach der Eucharistie hungern und nach dem lebendigen Wort Gottes in der Heiligen Schrift und wenn wir Jesus beständig im Gebet begegnen.

Er kommt. Er ist nahe.

Rufen wir aus der Tiefe unseres Herzens mit der ganzen Kirche:

„Komm, Herr Jesus!"

VI.

Ausgewählte Texte

Das vom Herrn Jesus angekündigte Gericht bezieht sich vor allem auf die Zerstörung Jerusalems im Jahr 70. Aber die Androhung des Gerichts betrifft auch uns, die Kirche in Europa, es betrifft Europa und den Westen im Allgemeinen. Mit diesem Evangelium ruft der Herr auch uns laut die Worte in die Ohren, die er in der Offenbarung an die Kirche von Ephesus richtete: „Wenn du nicht umkehrst, werde ich kommen und deinen Leuchter von seiner Stelle wegrücken" (*Offb* 2,5). Auch uns kann das Licht weggenommen werden und wir tun gut daran, wenn wir diese Mahnung in ihrer ganzen Ernsthaftigkeit in unserer Seele erschallen lassen, während wir gleichzeitig zum Herrn rufen: »Hilf uns umzukehren! Schenke uns allen die Gnade einer echten Erneuerung! Lass nicht zu, dass dein Licht unter uns erlösche! Stärke du unseren Glauben, unsere Hoffnung und unsere Liebe, damit wir gute Früchte bringen!« *(Predigt von Papst Benedikt XVI. bei der Eröffnungsfeier der Weltbischofssynode am 2. Oktober 2005).*

*

Je größer die Dunkelheit, umso vollkommener sollte unser Vertrauen sein *(Hl. Faustina Kowalska*, Tagebuch, *357).*

*

Schreibe Folgendes: Noch bevor ich als gerechter Richter kommen werde, komme ich als König der Barmherzigkeit. Bevor der Tag der Gerechtigkeit anbricht, wird den Menschen folgendes Zeichen am Himmel gegeben werden:

Alles Licht am Himmel erlischt und große Finsternis wird auf der Erde sein. Dann erscheint das Zeichen des Kreuzes am Himmel und aus den Öffnungen, wo die durchbohrten Hände und Füße des Erlösers waren, werden große Lichter fluten, die eine Zeitlang die Erde beleuchten. Das wird kurz vor dem Jüngsten Tag geschehen.*(Hl. Faustina Kowalska,* Tagebuch, *83).*

*

Geh, Daniel! Die Worte bleiben verschlossen und versiegelt bis zur Zeit des Endes. Viele werden geläutert, gereinigt und geprüft. Doch die ruchlosen Sünder sündigen weiter. Von den Sündern wird es keiner verstehen; aber die Verständigen verstehen es *(Dan 12,9-10).*

*

Der Herr sagte zu ihm: Geh mitten durch die Stadt, mitten durch Jerusalem und schreib ein Taw auf die Stirn der Männer, die seufzen und stöhnen über all die Gräueltaten, die in ihr begangen werden. Und zu den anderen hörte ich ihn sagen: Geht hinter ihm her durch die Stadt und schlagt zu! Eure Augen sollen kein Mitleid zeigen, gewährt keine Schonung! Alt und Jung, Mädchen, Kinder und Frauen sollt ihr erschlagen und umbringen. Doch von denen, die das Taw auf der Stirn haben, dürft ihr keinen anrühren. Beginnt in meinem Heiligtum! Da begannen sie bei den Männern, den Ältesten, die vor dem Tempel waren *(Ez 9,4-6).*

*

Du aber, Menschensohn, sag zum Haus Israel: So sprecht ihr: Fürwahr, unsere Vergehen und unsere Sünden lasten auf uns, in ihnen siechen wir dahin. Wie sollen wir da am Leben bleiben? Sag zu ihnen: So wahr ich lebe – Spruch Gottes, des Herrn –, ich habe kein Gefallen am Tod des Schuldigen, sondern daran, dass ein Schuldiger sich ab-kehrt von seinem Weg und am Leben bleibt. Kehrt um, kehrt euch ab von euren bösen Wegen! Warum denn wollt ihr sterben, ihr vom Haus Israel? *(Ez 33,10-11).*

*

Schwert, erheb dich gegen meinen Hirten und gegen den Mann, der mir verbunden ist – Spruch des Herrn der Heer-scharen. Schlag den Hirten, dann werden sich die Schafe zerstreuen! Ich richte meine Hand gegen die Kleinen. Im ganzen Land wird es geschehen – Spruch des Herrn: Zwei Drittel darin werden vernichtet, sie werden umkommen. Aber ein Drittel wird darin übrig bleiben. Das Drittel will ich ins Feuer werfen und ich werde sie läutern, wie man das Silber läutert, und werde sie prüfen, wie man das Gold prüft. Ja, es wird meinen Namen anrufen und ich werde es erhören. Ich werde sagen: Mein Volk ist es. Und das Volk wird sagen: Der Herr ist mein Gott *(Sach 13,7-9).*

*

Denn seht, der Tag kommt, er brennt wie ein Ofen: Da werden alle Überheblichen und alle Frevler zu Spreu und der Tag, der kommt, wird sie verbrennen, spricht der Herr der Heerscharen. Weder Wurzel noch Zweig wird ihnen dann bleiben. Für euch aber, die ihr meinen Namen fürchtet, wird die Sonne der Gerechtigkeit aufgehen, und ihre Flügel bringen Heilung. Ihr werdet hinausgehen und Freudensprünge machen wie Kälber, die aus dem Stall kommen. *(Mal 3,19-20).*

*

Seid also standhaft, Brüder und Schwestern, und haltet an den Überlieferungen fest, in denen wir euch unterwiesen haben, sei es mündlich, sei es durch einen Brief! *(2 Thess 2,15)*

*

Dann sah ich einen neuen Himmel und eine neue Erde; denn der erste Himmel und die erste Erde sind vergangen, auch das Meer ist nicht mehr. Ich sah die heilige Stadt, das neue Jerusalem, von Gott her aus dem Himmel herabkommen; sie war bereit wie eine Braut, die sich für ihren Mann geschmückt hat. Da hörte ich eine laute Stimme vom Thron her rufen: Seht, die Wohnung Gottes unter den Menschen! Er wird in ihrer Mitte wohnen und sie werden sein Volk sein; und er, Gott, wird bei ihnen sein. Er wird alle Tränen von ihren Augen abwischen: Der Tod wird nicht mehr sein, keine Trauer, keine Klage, keine Mühsal. Denn was früher war, ist vergangen *(Offb 21,1-4).*

*

Siehe, ich komme bald und mit mir bringe ich den Lohn und ich werde jedem geben, was seinem Werk entspricht. Ich bin das Alpha und das Omega, der Erste und der Letzte, der Anfang und das Ende. *(Offb 22, 12-13)*

*

Ja, ich komme bald *(Offb 22,20).*

Über den Autor

Michael O'Brien, geboren 1948 in Ottawa, ist der Autor von 28 Büchern, darunter sein Roman *Father Elijah* und weitere elf Romane, die in vierzehn Sprachen übersetzt und sowohl in säkularen wie religiösen Medien in Nordamerika und Europa ausführlich besprochen wurden.

Seine Essays über Glauben und Kultur wurden in internationalen Zeitschriften veröffentlicht, u. a. *Communio, Catholic World Report, Catholic Dossier, Inside the Vatican, The Chesterton Review.* Sieben Jahre lang war er Herausgeber des katholischen Familienmagazins *Nazareth Journal.* Er hat Hunderte öffentliche Vorträge in Universitäten und Kirchen in Nordamerika und Europa gehalten und war häufig Gast in Fernsehprogrammen im In- und Ausland.

Seit 1970 arbeitet er außerdem als Maler. Seine Werke wurden in vierzig Ausstellungen in Nordamerika gezeigt. Seit 1976 malt er ausschließlich religiöse Bilder – visuelle Reflektionen über die Bedeutung der menschlichen Person. Seine Bilder hängen in Kirchen, Klöstern, Universitäten und sind Teil von öffentlichen und privaten Sammlungen in aller Welt.

O'Brien lebt in Kanada in der Nähe von Combermere, Ontario. Er und seine Frau Sheila haben sechs Kinder und zehn Enkelkinder.

Der Roman *Father Elijah,* übersetzt von Gabriele Kuby, ist 2008 im Fe-Medienverlag, Kißlegg, erschienen.

Michael O'Brien

Father Elijah
Eine Apokalypse

Der karmelitische Mönch Pater Elijah, Überlebender des Warschauer Ghettos, wird vom Papst mit einer geheimen Mission beauftragt: Er soll den „Präsidenten", der im Begriff ist, zum Weltherrscher aufzusteigen an seine Seele erinnern … ein abenteuerliches Unterfangen, das dem Leser ebenso Einblick gibt in die Kämpfe hinter den Mauern des Vatikans wie in die Kämpfe in der menschlichen Seele. Gefesselt von der Spannung der Handlung, bemerkt der Leser am Ende staunend, dass seine innere Welt heller geworden ist und er Antworten auf große Fragen unserer Zeit bekommen hat.

Roman, 544 Seiten, Paperback, 12,95 €
ISBN 978-3-86357-231-0

Bestellbar bei:
Fe-Medienverlag, Hauptstraße 22, 88353 Kißlegg,
Tel.: 07563/608998-0, Fax: 07563/608998-9
E-Mail: bestellung@fe-medien.de
www.fe-medien.de